中华思想座右铭丛书

求知问学座右铭

曾微隐　陆　雨 ◆ 编著

吉林人民出版社

图书在版编目(CIP)数据

求知问学座右铭 / 曾微隐, 陆雨编著. -- 长春:
吉林人民出版社, 2012.5
　　(中华思想座右铭丛书)
　　ISBN 978-7-206-09068-4

　　Ⅰ.①求… Ⅱ.①曾… ②陆… Ⅲ.①座右铭-中国
-青年读物②座右铭-中国-少年读物 Ⅳ.
①H136.3-49

中国版本图书馆CIP数据核字(2012)第113476号

求知问学座右铭

QIUZHI WEN XUE ZUOYOUMING

编　　著：曾微隐　陆　雨
责任编辑：刘　涵　　　　　封面设计：七　洱
吉林人民出版社出版 发行（长春市人民大街7548号　邮政编码：130022）
印　　刷：永清县晔盛亚胶印有限公司
开　　本：670mm×950mm　　1/16
印　　张：9.25　　　　　　字　　数：70千字
标准书号：ISBN 978-7-206-09068-4
版　　次：2012年7月第1版　印　　次：2023年6月第3次印刷
定　　价：35.00元
如发现印装质量问题，影响阅读，请与出版社联系调换。

求　知

目录 CONTENTS

目录 CONTENTS

问　学

目录 CONTENTS

目录 CONTENTS

目录 CONTENTS

求 知

朝闻道，夕可死矣。

——（先秦）《论语·里仁》

【翻译】

早晨听到道理，晚上死都可以了。

【链接】

先 秦

"先秦"是中国历史学名词，指秦朝以前的历史时代，起自远古人类产生时期，到秦始皇灭六国为止，经历了夏、商、西周以及春秋、战国等历史阶段。

先秦的起止时间是公元前21世纪至公元前221年，在长达一千八百多年的历史中，中国的祖先创造了光辉灿烂的历史文明，其中夏商时期的甲骨文、殷商的青铜器，都是人类文明的历史标志。

这一时期的大思想家孔子和其他诸子百家，开创了中国历史上第一次文化学术的繁荣。军事家孙武的《孙子兵法》，至今仍被广泛应用于军事、经济等领域。屈原是中国历史上的伟大诗人。战国时期的《甘石星经》是世界上最早的恒星表。在这个历史阶段中，中国从分散逐步走向统一。

知之者不如好之者，好之者不如乐之者。

——《论语·雍也》

【注解】

（1）之：学问、道德。

（2）好：爱好。

【翻译】

对于学问、道德，懂得它的人不如爱好它的人，爱好它的人不如以它为乐的人。

【链接】

《论语》

《论语》是儒家学派的经典著作之一，由孔子的弟子及其再传弟子编撰而成。它以语录体和对话文体为主，记录了孔子及其弟子言行，集中体现了孔子的政治主张、伦理思想、道德观念及教育原则等，成书于战国初期。通行本《论语》共20篇，492章，其中记录孔子与弟子及时人谈论之语约444章，记录孔门弟子相互谈论之语48章。《论语》以记言为主，"论"是论纂的意思，"语"是话语。《论语》成书于众人，记述者有孔子的弟子，有孔子的再传弟子，也有孔门以外的人。

知之为知之，不知为不知，是知也。

——（先秦）《论语·为政》

【注解】

（1）知：第五个知通"智"，意为聪明，其余的都是"知道的意思"。

（2）之：第一个"之"是代孔子的训言，第二个"之"是代其事物

（3）为：是。

【翻译】

知道就是知道，不知道就是不知道，这是聪明的。指做学问态度要端正，也指做人要诚实。

【链接】

"四书五经"

"四书五经"是"四书"和"五经"的合称，是中国儒家经典的书籍。"四书"指的是《论语》《孟子》《大学》和《中庸》，"五经"指的是《诗经》《书经》《礼经》《易经》《春秋经》，简称为"诗、书、礼、易、春秋"，此前，还有一本《乐经》，合称"诗、书、礼、乐、易、春秋"，这六本书也被称作"六经"，其中的《乐经》后来亡佚，只剩下了"五经"。"四书五经"

是南宋以后儒学的基本书目，儒生学子的必读之书。

多闻，择其善者而从之；多见而识之。

—— （先秦）《论语·述而》

【翻译】

多听，选择好的加以采纳；多看，全记住它。

【链接】

孔 子

孔子（前551—前479年），名丘，字仲尼，春秋时期鲁国人，中国古代伟大的教育家、政治家和思想家，儒家学派创始人，世界最著名的文化名人之一。

据《史记·孔子世家》记载，孔子的祖先本是殷商后裔。周灭商后，周成王封商纣王的庶兄、商朝忠正的名臣微子启于宋，建都商丘（今河南商丘一带）。微子启死后，其弟微仲即位，微仲就是孔子的先祖。

自孔子的六世祖孔父嘉之后，后代子孙开始以孔为姓。孔子的曾祖父孔防叔为了逃避宋国内乱，从宋国逃到了鲁国。

孔子的父亲叔梁纥（叔梁为字，纥为名）是鲁国极为有名的勇士。叔梁纥先娶施氏，生下9个女儿，却没有儿子。他的妾生下一个儿子，叫孟皮，足部有病。在当时的情况下，女子和残疾的儿子都不宜继嗣。叔梁纥晚年与年轻女子颜氏生下孔子。由于孔子的母亲曾去尼丘山祈祷，然后怀下孔子，又因孔子刚出生时头顶的中间凹下，像尼丘山，故起名为丘，字仲尼。仲是第二的意思，叔梁纥的长子为孟皮，孟为第一的意思。

孔子3岁的时候，父亲病逝，之后孔子的家境相当贫寒。孔子极为聪明，并且好学，20岁时，学识就非常渊博，被当时人称赞为"博学好礼"。但孔子自己不这样认为，他说："圣则吾不能，我学不厌，而教不倦也。"孔子学无常师，谁有知识，谁那里有他所不知道的东西，他就拜谁为师，因此他说"三人行，必有我师焉"。

据《史记》记载，孔子三十多岁时曾问礼于老子，临别时老子赠言说："聪明深察而近于死者，好议人者也。博辩广大危其身者，发人之恶者也。为人子者毋以有己，为人臣者毋以有己。"这是老子对孔子的善意提醒，也指出了孔子的一些毛病，就是看问题太深刻，讲话太尖锐，伤害了一些有地位的人，会给自己带来很大的危险。

出于种种原因，孔子在政治上没有大的作为，但在治理鲁国的3个月中，足见孔子无愧于杰出政治家的称号。政治上不得意，孔子就将大部分精力用在教育事业上。孔子打破了教育垄断，开创了私学。孔子的弟子多达3 000人，贤人有72人，其中有很多是各国高官。

孔子创立了以仁为核心的道德学说，他自己也是一个善良之人，富有同情心，乐于助人，待人真诚、宽厚。"己所不欲，勿施于人""君子成人之美，不成人之恶""躬自厚而薄责于人"等，都是他做人的准则。

孔子的思想及学说对后世产生了极其深远的影响。《论语》是儒家的经典著作，由孔子的弟子及再传弟子编纂而成，是一本记录孔子及其弟子言行的书。

1988 年，75 位诺贝尔奖获得者在巴黎发表联合宣言，呼吁全世界"21 世纪人类要生存，就必须汲取两千年前孔子的智慧"，由此可见孔子思想之伟大。

吾十有五而志于学，三十而立，四十而不惑，五十而知天命，六十而耳顺，七十而从心所欲，不逾矩。

—— (先秦)《论语·为政》

【注解】

（1）十有五：十五岁。有，通"又"。

（2）立：能立于世，指知道按理的规定去立身行事。

（3）天命：含有上天的旨意、自然的禀性与天性、人生的道义和职责等多重含义。

（4）耳顺：意思是听到的话能够辨别其真伪是非。

（5）不逾矩：指不超越礼法。

【翻译】

我15岁的时候立志研究学问，30岁确立自己的理想，40岁不为我所做的事情而迷惑，50岁的时候我懂得自然的规律和法则，60岁时无论听到什么，不用多加思考，都能领会其中的意思，并明辨是非。70岁我的道德修养到了一定的程度，便可以随心所欲地做事，而不逾越法度规矩。

这是孔子的话，这段话启示人们：随着年龄的增长，人的知识、阅历也应不断增多、加深，要有所精进，有所提高。

终日不食、终夜不寝以思，无益，不如学也。

——（先秦）《论语·卫灵公》

【翻译】

一天到晚不吃饭、通宵达旦不睡觉地苦思冥想，也没什么用处，还不如学习。

【链接】

孔子好学

孔子3岁的时候，父亲病逝，之后孔子的家境相当贫寒。孔子极为聪明，并且好学，20岁时，学识就非常渊博，被当时人称赞为"博学好礼"。但孔子自己不这样认为，他说："圣则吾不能，我学不厌，而教不倦也。"孔子学无常师，谁有知识，谁那里有他所不知道的东西，他就拜谁为师，因此他说"三人行，必有我师焉"。

学者非必仕，而仕者必如学。

——（先秦）《荀子·大略》

【翻译】

学习的人并不一定是为了做官，但是做官的人一定要经过学习。

【链接】

荀 子

荀子（约前313—前238年），名况，字卿，因避西汉宣帝刘询讳（"荀"与"孙"二字古音相通），故又称孙卿。战国末期赵国人。荀子是著名思想家、文学家、政治家，儒家代表人物之一，时人尊称"荀卿"。他曾三次出任齐国稷下学宫的祭酒，后为楚兰陵（今山东兰陵）令。荀子对儒家思想有所发展，提倡性恶论，常被与孟子的性善论比较，对重整儒家典籍也有贡献。荀子学识渊博，在继承前期儒家学说的基础上，又吸收了各家的长处加以综合、改造，建立起自己的思想体系，发展了古代唯物主义传统。现存的《荀子》32篇，大部分是荀子自己的著作，涉及哲学、逻辑、政治、道德许多方面的内容。

学，殖也，不学将落。

—— （先秦）左丘明《左传·昭公十八年》

【注解】

（1）殖：种植。

（2）落：坠落。

【翻译】

学习就像种植草木，不学习将如草木坠落叶子一样，才智会日益减退。

【链接】

左丘明

左丘明（约前502—约前422年），姓丘，名明（一说复姓左丘，名明），春秋末期鲁国人。左丘明是姜子牙的支孙，世代居住在齐国的都城营丘，也就是现在的山东临淄一带。为逃避灾难，全家人先到楚国，后又辗转来到鲁国。左丘明知识渊博，品德高尚，孔子言与其同耻。左丘明晚年时眼睛出了毛病，不得不辞官回乡，不久就双目失明了。强烈的历史使命感使他振作起来，将几十年来的所见所闻、各诸侯的要闻和君臣容易得失的话记述下来，汇集成著名的历史名著《国语》。《国语》是我国现存最早的一部国别史，它与《左传》一起成为珠联璧合的历史文化巨著。

《左传》

《左传》原名为《左氏春秋》，汉代改称《春秋左氏传》，简称《左传》。旧时相传是春秋末年左丘明为解释孔子的《春秋》而作。《左传》实质上是一部独立撰写的史书。它起自鲁隐公元年（公元前722年），迄于鲁悼公十四年（公元前453年），以《春秋》为本，通过记述春秋时期的具体史实来说明《春秋》的纲目，是儒家重要经典之一，是我国第一部叙事完整的编年体历史著作，为"十三经"之一。它与《春秋公羊传》《春秋谷梁传》合称"春秋三传"。

士不厌学，故能成其圣。

—— （先秦）《管子·形势解》

【翻译】

士人勤学不息，所以才能成为圣明之人。

【链接】

《管子》

《管子》是战国时各学派的言论汇编，内容庞杂，包括法家、儒家、道家、阴阳家、名家、兵家和农家的观点。《管子》以中国春秋时代政治家、哲学家管仲命名，其中也记载了管仲死后的事情，并非管仲所著，但仍被认为可以体现管仲的主要思想。《管子》中的文章大概出自深受管仲影响的稷下学派之手。汉朝学者刘向对《管子》进行了编辑。

《管子》一书共86篇，其中有10篇已佚。《管子》全书16万字，内容可分八类，即《经言》9篇，《外言》8篇，《内言》7篇，《短语》17篇，《区言》5篇，《杂篇》10篇，《管子解》4篇，《管子轻重》16篇。

人之有学也，犹木之有枝也。

—— （先秦）《国语·晋语九》

【翻译】

人有学问，就像树林有树叶一样。

【链接】

《国语》

《国语》是中国最早的一部国别史著作，记录了周朝王室和鲁国、齐国、晋国、郑国、楚国、吴国、越国等诸侯国的历史，上起周穆王西征犬戎（约公元前947年），下至智伯被灭（公元前453年）。具体内容涉及春秋时期的经济、财政、军事、兵法、外交、教育、法律、婚姻等，对研究先秦时期的历史非常重要。《国语》在内容上有很强的伦理倾向，弘扬德的精神，尊崇礼的规范，认为"礼"是治国之本，而且非常突出忠君思想。《国语》具有浓重的民本思想，反对专制和腐败，重视民意，重视人才。

有匪君子，如切如磋，如琢如磨。

—— （先秦）《诗经·卫风·淇奥》

【注解】

（1）匪：通"斐"，五色相错，这里指文雅。

（2）切磋、琢磨：本来指把骨头、象牙、玉石、石头等加工制成器物，形容文采好，有修养。

【翻译】

有个文雅的君子，他努力进修学业，就像切断骨角制成器一样，又如磨光象牙一般，似雕琢美玉，又和磨制石器相同。后以"切磋琢磨"比喻人们在学业德行上应当相互商讨研究，取长补短。

【链接】

《诗经》

《诗经》是中国最早的诗歌总集。《诗经》原本叫《诗》，共有诗歌305首（另外有6篇有题目无内容，即有目无辞，称为笙诗），因此又称"诗三百"。从汉朝起儒家将《诗经》奉为经典，因此称为《诗经》。汉朝毛亨、毛苌曾注释《诗经》，因此又称《毛诗》。《诗经》中诗的作者，绝大部分无法考证。其所涉及的地域主要是黄河流域，西起山西和甘肃东部，北到河北省西南，东至山东，南及江汉流域。

《诗经》中最早的作品大约是西周初期，最晚的作品成于春秋时期中叶，跨越了大约600年。

关于《诗经》的收集和编选，有"王官采诗""孔子删诗""献诗说"三种说法。

《诗经》中诗的分类，有"四始六义"之说。"四始"指《风》《大雅》《小雅》《颂》四篇列首位的诗。"六义"则指"风、雅、颂，赋、比、兴"。"风、雅、颂"是按音乐的不同对《诗经》的分类，"赋、比、兴"是《诗经》的表现手法。

《风》又称《国风》，一共有15组，"风"本是乐曲的统称。15组国风并不是15个国家的乐曲，而是十几个地区的乐曲。国风有15国风，包括《周南》《召南》《邶》《鄘》《卫》《王》《郑》《桧》《齐》《魏》《唐》《秦》《豳》《陈》《曹》的乐歌，共160篇。国风是当时当地流行的歌曲，带有地方色彩。从内容上说，大多数是民间诗歌。

《雅》共有105篇，分为《大雅》31篇和《小雅》74篇。《小雅》为宴请宾客之音乐。《大雅》则是国君接受臣下朝拜，陈述劝诫的音乐。多数是朝廷官吏及公卿大夫的作品，有一小部分是民间诗歌。其内容几乎都是关于政治方面的，有赞颂好人好政的，有讽刺弊政的，只有几首表达个人感情的诗，但是没有情诗。"雅"在此可以指贵族官吏诗歌。

《颂》是贵族在家庙中祭祀鬼神、赞美治者功德的乐曲，在演奏时要配以舞蹈。分为《周颂》《鲁颂》和《商颂》，共40篇。其中《周颂》31篇，《鲁颂》4篇，《商颂》5篇。

不学面墙，莅事惟烦。

—— （先秦）《尚书·周官》

【注解】

（1）面墙：面对墙壁（站立）。

（2）莅：承担。

（3）烦：混乱不堪。

【翻译】

不学习，就像面对墙壁站立一样，什么也看不到，一旦承担事情，只能被搞得混乱不堪。

【链接】

《尚书》

《尚书》又称《书》《书经》，是一部多体裁文献汇编，是中国现存最早的史书，分为《虞书》《夏书》《商书》《周书》。战国时期总称《书》，汉代改称《尚书》，即"上古之书"，意为"公之于众的（古代）皇室文献"。因是儒家五经之一，又称《书经》。《尚书》在作为历史典籍的同时，向来被文学史家称为中国最早的散文总集，是和《诗经》并列的一个文体类别。但用今天的标准来看，绝大部分应属于当时官府处理国家大事的公务文书，准确地讲，它应是一部体例比较完备的公文总集。

"尚书"释义

"尚书"一词的原意是指中国上古皇家档案文件的汇编。"尚"意为"把卷着的、包着的、摞着的东西摊开、展平"；"书"即文字、文字记录、文档。"尚书"即"解密的王家文档""（向社会）公开的皇室卷宗"。

不知理义，生于不学。

——（先秦）《吕氏春秋·劝学》

【翻译】

人之所以不知道道理和正义，原因在于不学习。

【链接】

《吕氏春秋》

《吕氏春秋》是战国末年（公元前239年前后）秦国丞相吕不韦组织属下门客们集体编撰的杂家（儒、法、道等）著作，又名《吕览》。此书共分为十二纪、八览、六论，共12卷，160篇，20余万字。吕不韦自己认为其中包括了天地万物、古往今来的事理，所以号称《吕氏春秋》。

人有知学，则有力矣。

——（汉）王充《论衡·效力》

【翻译】

人有了知识和学问，就有了力量。

【链接】

王 充

王充（27—97年），字仲任，会稽上虞人，东汉哲学家。著有《讥俗节义》《政务》《论衡》《养性》等书，但只有《论衡》保存下来。

王充的为人与言论都很奇特，不同流俗。年轻时曾做过县掾功曹等职位，但可能常与长官不和，而屡次遭到辞退。因仕途不顺，故退而勤于著述，抒写怀抱。晚年又任州治中职，后来可能因为老病而"自免还家"。70岁左右，有感于年老衰病，故习练道家养气服药之术，著《养性》一书，为的是追求养生延年。《论衡》一书，由青年写到老年，应是他一生心血所聚。

人才有高下，知物由学，学之乃知，不问不识。

——（汉）王充《论衡·实知》

【翻译】

人的才能有高下之分，学习才知道事物的道理，学了然后才会有智慧，不去求问就不会知道。

【链接】

《论衡》

《论衡》是东汉哲学家王充用了30年心血才完成的，现存文章有85篇（其中的《招致》仅存篇目，实存84篇）。该书被称为"疾虚妄古之实论，讥世俗汉之异书"。

《论衡》对汉儒思想进行了尖锐而猛烈的抨击，但它并不完全否定儒学。该书批判地吸取了先秦以来各家各派的思想，特别是道家黄老学派的思想，对先秦诸子百家的"天道""礼和法""鬼神与薄葬""命""性善和性恶"等，都进行了系统的评述。因此，后人称《论衡》是"博通众流百家之言"的古代小百科全书。

《论衡》产生在中国历史上的一个重要时期，即封建国家处于统一和强大、儒学与谶纬神学相结合，成为统治阶级的正统思想的时期。该书认为世界是由物质构成的，不承认鬼神的存在，向孔孟的权威挑战，并确立了一个比较完整的古代唯物主义体系，这在历史上是起了划时代的作用的。《论衡》对今后的唯物主义者、无神论者，诸如魏晋时期的哲学家杨泉、南朝宋时的思想家何承天、南朝齐梁时的无神论者范缜、唐朝的刘禹锡和柳宗元、明清之际的思想家王夫之等都产生了不同程度的影响。

人之不学，犹谷未成粟，米未为饭也。

——（汉）王充《论衡·量知》

【翻译】

人不学习，就像是谷子还没变成粟米，粟米还没变成饭。

不学自知，不问自晓，古今行事，未之有也。

—— （汉）王充《论衡·实知》

【翻译】

不学习自己就知道，不请教就明白的，从古到今还没有这样的事情。

人皆知以食愈饥，莫知以学愈愚。

—— （汉）刘向《说苑·建本》

【注解】

（1）愈：医治。

【翻译】

人都知道用食物医治饥饿，不知道用学习医治愚昧。

【链接】

刘 向

刘向（前77—前6年），字子政，原名更生，汉朝宗室，沛县人。西汉经学家、目录学家、文学家。

汉宣帝时，刘向为谏大夫。汉元帝时，任宗正，因反对宦官弘恭、石显而下狱，没多久就被释放，后又因反对恭、显而下狱，被免为庶人。汉成帝即位后，得进用，任光禄大夫，改名为"向"，官至中垒校尉。曾奉命领校秘书，所撰《别录》，为我国目录学之祖。刘向著有《别录》《新序》《说苑》《列女传》《洪范五行》等书，并且编订了《战国策》《楚辞》。刘向曾为官中垒校尉，故世称刘中垒。明人张溥辑有《刘中垒集》，收入《汉魏六朝百三家集》中。又有赋33篇，今仅存《九叹》一篇。

《说苑》

《说苑》是一部富有文学意味的重要文献，由东汉刘向所撰。其内容多哲理深刻的格言警句，叙事意蕴讽喻。《说苑》除卷16《谈丛》外，各卷的多数篇目都是独立成篇的小故事，有故事情节，有人物对话，文字简洁生动，清新隽永，有较高的文学欣赏价值，对魏晋乃至明清的笔记小说也有一定的影响。

《说苑》原有20卷，后仅存5卷，大部分已经散佚，经宋朝的曾巩搜罗编辑，复为20卷，每卷各有标目，依次为《君道》《臣术》《建本》《立节》《贵德》《复恩》《政理》《尊贤》《正谏》《敬慎》《善说》《奉使》《权谋》《至公》《指武》《谈丛》《杂言》《辨物》《修文》《反质》。

士必学问，然后成君子。

—— （汉）韩婴《韩诗外传》卷八

【翻译】

士人必须经过学习，然后才能成为君子。

【链接】

韩 婴

韩婴（约前200—前130年），涿郡鄚人（今属河北）。《史记》和《汉书》记载，汉文帝时韩婴曾任博士，汉景帝时官至常山太傅，后人又称他韩太傅。西汉"韩诗学"的创始人，著名经学家。

韩婴继承和发扬了儒家思想，其思想直接承袭荀子，但又尊信孟子，以"法先王"代替"法后王"，以"人性善"代替"人性恶"，使儒家内部斗争最激烈的两派观点达到统一。韩婴的思想主张为广泛传播儒家思想，为汉武帝"罢黜百家，独尊儒术"做了思想准备。

韩婴以《诗经》研究见长，世称"韩诗"，与辕固生的"齐诗"、申培的"鲁诗"并称"三家诗"。著有《韩诗内传》《韩诗外传》《韩说》等。南宋后仅存外传，可能已经过后人修改。清赵怀玉辑有《内传》佚文，马国翰《玉函山房辑佚书》辑有《韩诗故》二卷、《韩诗内传》一卷、《韩诗说》一卷。

虽有良玉，不刻镂则不成器；虽有美质，不学则不成君子。

——（汉）韩婴《韩诗外传》卷八

【翻译】

尽管是一块美玉，不经过雕刻也不能成为可用之物；尽管具备很好的资质，不学习也不可能成为君子。

【链接】

《韩诗外传》

《韩诗外传》是一部由360条逸事、道德说教、伦理规范以及实际忠告等不同内容的杂编，一般每条都以一句恰当的《诗经》引文作结论，以支持政事或论辩中的观点，就其书与《诗经》联系的程度而论，它对《诗经》既不是注释，也不是阐发。

剑虽利，不厉不断；材虽美，不学不高。

——（汉）韩婴《韩诗外传》卷三

【翻译】

宝剑虽然锋利，但是不经过磨砺，就不能截断东西；人的素质虽然很好，但是不经过学习，就不能提高。

山致其高而云起焉，水致其深而蛟龙生焉，君子致其道而福禄归焉。

——（汉）《淮南子·人间训》

【翻译】

山达到足够的高度云团就会兴起，水达到足够的深度蛟龙就会出现，君子研究学问达到足够的程度福禄就来了。

玉不琢，不成器；人不学，不知道。

——（汉）戴圣《礼记·学记》

【注解】

（1）知：明白。

（2）道：事理。

【翻译】

玉石不经过琢磨，就不能成为有用的玉器；人不学习，就不明白事理。

【链接】

《礼记》

《礼记》是中国古代一部重要的典章制度书籍。《礼记》的内容主要是记载和论述先秦的礼制、礼仪，解释仪礼，记录孔子和弟子等的问答，记述修身做人的准则。实际上，这部9万字左右的著作内容广博，门类杂多，涉及政治、法律、道德、哲学、历史、祭祀、文艺、日常生活、历法、地理等诸多方面，几乎包罗万象，集中体现了先秦儒家的政治、哲学和伦理思想，是研究先秦社会的重要资料。《礼记》与《周礼》《仪礼》合称"三礼"，对中国文化产生过深远的影响，各个时代的人都从中寻找思想资源。《礼记》不仅是一部描写规章制度的书，而且是一部关于仁义道德的教科书。其中最有名的篇章，包括《大学》《中庸》《礼运》（首段）等。《礼运》首段是孔子与子游的对话，又称为《礼运·大同》篇，"大同"二字常用做理想境界的代名词。

学然后知不足，教然后知困。

—— （汉）戴圣《礼记·学记》

【翻译】

通过学习，然后才能发现自己知识的欠缺；通过教学，然后才能感到自己还有疑难不懂的问题。

不祈多积，多文以为富。

——（汉）戴圣《礼记·儒行》

【注解】

（1）祈：求。

（2）多文：知识多。

【翻译】

不求积攒很多财物，知识多了就是很富有了。

凡欲显勋绩扬光烈者，莫良于学矣。

——（汉）王符《潜夫论·赞学》

【翻译】

凡是想建立功绩、成就大业的人，没有比学习更好的了。

【链接】

王　符

王符，生卒年不详，字节信，安定临泾（今甘肃镇原县）人。东汉学者。

王符性情耿介，不苟同于世俗，于是终身不仕，隐居著书三十余篇，以抨击时政之得失，取名为《潜夫论》。

其所著《潜夫论》共36篇，多数是讨论治国安民之术的政论文章，少数也涉及哲学问题。

虽有至圣，不生而知；虽有至材，不生而能。

——（汉）王符《潜夫论·赞学》

【翻译】

即使再圣明的人，也不会一生下来就懂得道理；即使再卓越的人才，也不会一生下来就有才能。

【链接】

王符论学

关于学习，王符在《潜夫论》中提出如下观点：

其一，学习要重疑问。要养成思考的习惯，不能随便接受旧说，即使对"先圣遗业，莫大教训"，也要"博学多识，疑则思问"（《潜夫论·叙录》），这样才是做学问的上乘之道。

第二，学习要重方法。学习时尽量凭借有效的手段来学习。《潜夫论·赞学》说："学也，聪明无蔽，心智无滞，前纪帝王，愿定百世。此则道之明也。而君能假之以自彰乎？"这犹如再能跑的人，不如乘车快，所以，学习如果忽视了方法，那么虽智力相差不到百倍，而成效则差于万倍。

第三，学习要重互助。《潜夫论·赞学》说："圣人天地之所贵者人也。"他们所追求的是学问，而学问是人与人的经验与成效的结晶，非任何一个人所能为，所以学习时要与周围人交换其所知，切忌闭门读书，不相往来。

学则正，否则邪。

——（汉）扬雄《法言·学行》

【翻译】

学习能使人走上正道，否则就会步入歧途。

【链接】

扬 雄

扬雄（前53—18年），字子云，西汉蜀郡成都（今属四川）人。西汉官吏、著名学者，著有《太玄》《法言》《方言》《训纂篇》。

扬雄本姓杨，由于他喜欢标新立异，易姓为扬。

扬雄早期以辞赋闻名，曾模仿司马相如的《子虚赋》《上林赋》，作《甘泉赋》《羽猎赋》《长杨赋》，为已处于崩溃前夕的汉王朝粉饰太平、歌功颂德，所以后世有"扬马"之称。晚年时扬雄对辞赋的看法有所转变。他评论辞赋创作是欲讽反劝，认为作赋乃是"童子雕虫篆刻""壮夫不为"。他提出"诗人之赋丽以则，辞人之赋丽以淫"的看法，把楚辞和汉赋的优劣得失区别开来。扬雄关于赋的评价，对赋的发展和后世对赋的评价有一定影响，对于后来刘勰、韩愈的文论也很有影响。

扬雄在散文方面有一定成就，并且是一位模仿大师，他曾模拟《易经》作《太玄》，模拟《论语》作《法言》。

在《法言》中，扬雄主张文学应当宗经、征圣，以儒家著作为典范，这对刘勰的《文心雕龙》颇有影响。《法言》刻意模仿《论语》，在文学技巧上继承了先秦诸子的一些优点，语约义丰，对唐代古文家产生过积极影响，如韩愈"所敬者，司马迁、扬雄"（见柳宗元《答韦珩示韩愈相推以文墨事书》）。

马虽有逸足，而不闲舆则不为良骏；人虽有美质，而不习道则不为君子。

——（三国）徐干《中论·治学》

【注解】

（1）逸足：善于奔驰的蹄子。

（2）不闲舆：不能熟练地拉车

【翻译】

马虽然有善于奔驰的蹄子，但是如果不能熟练地拉车也不是好马；人虽然有天生优良的资质，但是如果不学习道理也不是君子。

【链接】

徐 干

徐干（170—217年），字伟长，北海郡（今属山东）人。三国时期文学家，建安七子之一。

徐干少年勤学，潜心典籍。建安初年，曹操召授司空军师祭酒掾属，又转五官中郎将文学。

徐干擅长辞赋，能作诗，其五言诗妙绝当时。其《玄猿赋》《漏卮赋》《橘赋》《圆扇赋》被曹丕评为"虽张（张衡）、蔡（蔡邕）不过也"。其主要著作是《中论》，当时曹丕称赞此书"成一家之言，辞义典雅，足传于后"。建安七子中只有徐干以《中论》数卷跳脱建安七子的泥泞，自成一家。

学也者，所以疏神达思，怡情理性，圣人之上务也。

——（三国）徐干《中论·治学》

【翻译】

学习，可以使人精神开朗，思想通达，心情愉悦，品性得到修养，这是圣人最大的事情。

【链接】

《中论》

《中论》是一部有关伦理及政治的论集，作者是三国时的徐干。

此书写作的主旨是："见辞人美丽之文并时而作，曾无阐弘大义、敷散道教、上求圣人之中、下救流俗之昏者，故废诗、赋、颂、铭、赞之文，著《中论》之书二十二篇。"（《中论序》）今存辑本分上、下两卷，上卷10篇，多论述处世原则和品德修养；下卷10篇，大部分论述君臣关系。

才须学也，非学无以广才，非志无以成学。

——（三国）诸葛亮《诫子书》

【翻译】

要有才能就必须学习，不学习就不能增长才能，没有坚定的志向也就不能抓好学习。

【链接】

诸葛亮

诸葛亮（181—234年），字孔明，号卧龙。三国时期杰出的政治家、军事家、战略家、散文家、外交家。

诸葛亮的父亲诸葛珪，字君贡，东汉末年做过泰山郡丞。诸葛亮3岁时母亲张氏病逝，8岁丧父，与弟弟诸葛均一起跟随由袁术任命为豫章太守的叔父诸葛玄到豫章赴任。后来，东汉朝廷派朱皓取代了诸葛玄的职务，诸葛玄就去投奔老朋友荆州牧刘表。公元197年，诸葛玄病逝。诸葛亮和弟妹失去了生活依靠，便移居南阳。19岁的诸葛亮与友人徐庶等从师于水镜先生司马徽。他看到刘表昏庸无能，不是命世之主，于是结庐襄阳城西20里的隆中山中，隐居待时，这是公元197年的事。

诸葛亮在隆中隐居了10年。10年中，他广交江南名士，"每自比于管仲、乐毅"，爱唱《梁父吟》，结交庞德公、庞统、司马徽、黄承彦、石广元、崔州平、徐庶等名士。其智谋为大家所公认，有匡扶天下之志。在隆中隐居期间，诸葛亮被称为"卧龙"，娶黄承彦之女黄月英为妻。

公元207年，诸葛亮27岁时，刘备三顾茅庐，会见诸葛亮，问以统一天下之大计。诸葛亮精辟地分析了当时的形势，提出了首先夺取荆、益作为根据地，对内改革政治，对外联合孙权，南抚夷越，西和诸戎，等待时机，两路出兵北伐，从而统一全国的战略思想。这次谈话即是著名的《隆中对》。

刘备听了诸葛亮这一番精辟透彻的分析，思想豁然开朗。他觉得诸葛亮人才难得，于是恳切地请诸葛亮出山，帮助他完成兴复汉室的大业。诸葛亮遂出山辅佐刘备，联孙抗曹，赤壁之战大败曹军，形成三国鼎足之势，夺占荆州，攻取益州，击败曹军，夺得汉中。

后来，刘备在成都建立蜀汉政权，诸葛亮被任命为丞相，主持朝政。

公元223年春，刘备在永安病危，召诸葛亮嘱托后事，他说："君才十倍于曹丕，必能安国，终定大事。若嗣子可辅助，便给以辅助；若其不才，您可取而代之。"

诸葛亮忙哭道："臣必竭心尽力相辅，效忠贞之节，死而后已！"

蜀国后主刘禅继位，诸葛亮被封为武乡侯，领益州牧。他建立丞相府以处理日常事务。当时，全国的军、政、财，事无大小都由诸葛亮决定，他赏罚极为严明。诸葛亮对外与东吴联盟，对内改善和西南各族的关系，实行屯田，加强战备。

公元227年，诸葛亮上疏（即著名的《出师表》）于刘禅，率军出驻汉中，前后6次北伐中原，多因粮尽，无功而返。公元234年，诸葛亮终因积劳成疾，病逝于五丈原军中，死前将后事托付于姜维。

诸葛亮多谋善断，长于巧思。他曾革新"连弩"，可连续发射10支箭；制作"木牛流马"，便于山地军事运输；推演兵法，作《八阵图》。

诸葛亮是一个维护封建纲常和崇尚儒家忠义道德的正统思想家。但是，诸葛亮并不墨守儒家教条，他尊王而不攘夷，进兵南中，和抚夷越，在三国中执行了最好的民族政策。

诸葛亮以"鞠躬尽瘁，死而后已"的精神成为后世的楷模。

良田之晚播，愈于卒岁之荒芜也。

—— （晋）葛洪《抱朴子·显学》

【注解】

（1）愈：超过。

（2）卒年：终年。

【翻译】

肥沃的土地即使播种得晚一些，也比让它终年荒芜好得多。

【链接】

葛 洪

葛洪（284—363年），字稚川，号抱朴子，人称葛仙翁，丹阳句容（今属江苏）人。东晋医学家、博物学家和制药化学家，炼丹术家，著名的道教人士。葛洪在中国哲学史、医药学史以及科学史上都有很高的地位。

葛洪反对"贵远贱今"，强调创新，认为"古书虽多，未必尽善"，在实际的行医、炼丹活动中，坚持贯彻重视实验的思想，这对于他在医学上的贡献是十分重要的。葛洪阅读大量医书，并注重分析与研究，在行医实践中，总结治疗心得并搜集民间医疗经验，以此为基础，完成了百卷著作《玉函方》。由于卷帙浩繁，难于携带检索，便将其中有关临床常见疾病、急病及其治疗等摘要简编而成《肘后救卒方》3卷，使医者便于携带，以应临床急救检索之需，故此书堪称中医史上第一部临床急救手册。

饰治之术，莫良乎学。

——（晋）葛洪《抱朴子·崇教》

【注解】

（1）饰治：培养。

【翻译】

培养自己的方法，没有比学习更好的了。

【链接】

《抱朴子》

《抱朴子》为东晋时期葛洪所著，分为内、外两篇。

《抱朴子》今存"内篇"20篇，主要讲述神仙方药、鬼怪变化、养生延年、禳灾却病，属于道家。

"外篇"包括50篇，主要谈论社会上的各种事情，属于儒家的范畴，也显示了作者先儒后道的思想发展轨迹。其内容可具体概括为：论人间得失，讥刺世俗，讲治民之法；评世事臧否，主张藏器待时，克己思君；论谏君主任贤能，爱民节欲，独掌权柄；论超俗出世，修身著书等。"外篇"中《钩世》《尚博》《辞义》《文行》等是有关文学理论批评的内容。

生也有涯，无涯为智。

—— （南朝·梁）刘勰《文心雕龙·序志》

【注解】

（1）涯：限度。

（2）智：知识。

【翻译】

人的生命是有限的，世界上真正无限的只有知识。

【链接】

《文心雕龙》

《文心雕龙》是中国第一部系统的文艺理论巨著，也是一部理论批评著作，完书于中国南北朝时期，作者为刘勰。

《文心雕龙》是中国有史以来最精密的有关文学批评

的书，"体大而虑周"，全书重点有两个：一个是反对不切实际的浮靡文风；另一个是主张实用的"擒文必在纬军国"之落实文风。刘勰把全部的书都当成文学书来看，所以本书的立论极为广泛。

《文心雕龙》分上、下两编，每编25篇，包括"总论""文体论""创作论""批评论"和"总序"等5部分。其中总论5篇，论"文之枢纽"，打下理论基础；文体论20篇，每篇分论一种或两三种文体；创作论19篇，分论创作过程、作家风格、文质关系、写作技巧、文辞声律等；批评论5篇，从不同角度对过去时代的文风及作家的成就提出批评，并对批评方法作了探讨，也是全书精彩部分；最后一篇《序志》是全书的总序，说明了自己的创作目的和全书的部署意图。《文心雕龙》全书受《周易》二元哲学的影响很大。

积财万千，不如薄技在身。

——（北齐）《颜氏家训·勉学》

【翻译】

积蓄万贯家财，不如学会一种技艺。

【链接】

《颜氏家训》

《颜氏家训》由北齐颜之推所著，于隋初成书。

《颜氏家训》全书7卷20篇，即《序致》《教子》《兄弟》《后娶》《治家》《风操》《慕贤》《勉学》《文章》《名实》《涉务》《省事》《止足》《诫兵》《养生》《归心》《书证》《音辞》《杂艺》《终制》。《颜氏家训》以传统儒家思想为中心，也注重实学、工农商贾等技能，教育颜氏后辈关于修身、治家、处世、为学等学问，"又兼论字画音训，并考定典故，品弟文艺"。

读书学问，本欲开心明目，利于行耳。

——（北齐）《颜氏家训·勉学》

【翻译】

读书做学问，目的在于开启心智，使眼睛变得明亮，利于行动。

胸中无学，犹如手中无钱。

——（南北朝）庾信《拟连珠》之三十

【翻译】

胸中没有学识，就像手里没有钱一样。

【链接】

庾　信

庾信（513—581年），字子山，祖籍南阳新野（今属河南）。南北朝时期大文学家。

庾信仕北周官至骠骑大将军、开府仪同三司，故人称"庾开府"。庾信奉梁元帝名出使北朝被留，不得回归，文风萧瑟哀戚，也感染北方雄浑豪迈之气，是南北朝文学的集大成者。

庾信的诗，初步融合了南北诗风，对唐诗有重要影响。他的诗歌代表作有《拟咏怀》27首，虽属模拟阮籍，实则全是感叹自己的身世。他的乐府诗，常常使用比兴手法自叹身世，如《怨歌行》《杨柳歌》等。庾信到北方以后的诗歌苍劲沉郁，和他经历战乱及对北方景物有较深的感受有关，佳作有《郊行值雪》《望野》《燕歌行》《同卢记室从军》。

庾信的骈文、骈赋，可与鲍照并举，代表了南北朝骈文、骈赋的最高成就。庾的辞赋与徐陵一起被称为"徐庾体"，代表作有《哀江南赋》《枯树赋》《竹杖赋》《小园赋》和《伤心赋》等。有《庾子山集》传世。

人学始知道，不学非自然。

——（唐）孟郊《劝学》诗

【注解】

（1）知：明白，懂得。

（2）道：道理。

（3）自然：自己明白。

【翻译】

人经过学习，才懂得道理；不学习，是不会懂得道理的。

【链接】

劝学诗

中国古代的劝学诗，按其内容大体可以分为六类：

一、劝勉立志

（1）朝为田舍郎，暮登天子堂。将相本无种，男儿当自强。（《神童诗》）

（2）少小多才学，平生志气高。别人怀宝剑，我有笔如刀。（《神童诗》）

（3）读律看书四十年，乌纱头上有青天。男儿欲画凌烟阁，第一功名不爱钱。（明·杨继盛《言志诗》）

二、劝勉勤学

（1）三更灯火五更鸡，正是男儿读书时。黑发不知

勤学早，白首方悔读书迟。（唐·颜真卿《劝学诗》）

（2）力学如力耕，勤惰尔自知。但使书种多，会有岁稔时。（宋刘过《书院》）

三、劝勉惜时

（1）青青园中葵，朝露待日晞。阳春布德泽，万物生光辉。常恐秋节至，焜黄华叶衰。百川东到海，何时复西归？少壮不努力，老大徒伤悲。（《长歌行》）

（2）盛年不再来，一日难再晨。及时当勉励，岁月不待人。（晋·陶渊明《杂诗》）

（3）劝君莫惜金缕衣，劝君惜取少年时。有花堪折直须折，莫待无花空折枝。（唐·《金缕衣》）

（4）昨日兮昨日，昨日何其好！昨日过去了，今日徒烦恼。世人但知悔昨日，不觉今日又过了。水去汩汩流，花落日日少。万事立业在今日，莫待明朝悔今朝。（明·文嘉《昨日歌》）

（5）今日复今日，今日何其少！今日又不为，此事何时了？人生百年几今日，今日不为真可惜！若言姑待明朝至，明朝又有明朝事。为君聊赋今日诗，努力请从今日始。（明·文嘉《今日歌》）

（6）明日复明日，明日何其多。我生待明日，万事成蹉跎。世人若被明日累，春去秋来老将至。朝看东流水，暮看日西坠。百年明日能几何？请君听我明日歌。（明·文嘉《明日歌》）

四、提供学习方法

（1）读书切戒在慌忙，涵泳工夫兴味长。未晓不妨权放过，切身须要急思量。（宋·陆九渊《读书》）

（2）读书患不多，思义患不明。患足已不学，既学患不行。（唐·韩愈《劝学诗》）

五、提供体会

（1）半亩方塘一鉴开，天光月影共徘徊。问渠哪得清如许，为有源头活水来。（宋·朱熹《观书有感》）

（2）昨夜江边春水生，蒙冲巨舰一毛轻。向来枉费推移力，此日中流自在行。（宋·朱熹《观书有感》）

六、体验学习乐趣

（1）木落水尽千崖枯，迥然吾亦见真吾。坐对韦编灯动壁，高歌夜半雪压庐。地炉茶鼎烹活火，一清足称读书者。读书之乐何处寻？数点梅花天地心。（元·翁森《四时读书乐》冬）

（2）春读书，兴味长，磨其砚，笔花香。读书求学不宜懒，天地日月比人忙。燕语莺歌希领悟，桃红李白写文章。（民国·熊伯伊《四季读书歌》春）

才饱身自贵，巷荒门岂贫？

——（唐）孟郊《题韦丞总吴王故城下幽居》

【翻译】

才学丰厚，身份自然高贵；居住在寒门陋巷，怎么能认为是贫穷？

【链接】

孟 郊

孟郊（751—814年），字东野，湖州武康（今浙江德清县）人。唐朝著名诗人。

孟郊一生仕途不得意，46岁中进士。其诗风格奇崛瘦硬，极为韩愈推重，世称"韩孟"，多写坎坷不遇之情。抑郁愁苦，读之惨戚寡欢，后人称之为"诗囚"。现存诗歌五百多首，以短篇的五言古诗最多，没有一首律诗，代表作是《游子吟》，有《孟东野集》传世。

孟郊逸事

孟郊出身微贱，但读书用功，人才出众，而且不畏权贵。

一年冬天，有一个钦差来到武康县了解民情。县官大摆宴席，为钦差接风。正当县官举杯说"请"，钦差点头应酬的时候，身穿破烂绿色衣衫的小孟郊走了进来。县官一见很不高兴，眼珠一瞪喝道："去去去，来了小叫花子，真扫兴。"

孟郊气愤地顶了一句："家贫人不平，离地三尺有神仙。"

"你个小叫花子，竟然如此狂妄。我出个上联，你若对得出，就在这里吃饭。若是对不出，我就判你个私闯公堂，打断你的狗腿。"钦差大臣阴阳怪气地说。

"请吧。"孟郊一点儿也不害怕。

钦差自恃才高，又见对方是个小孩子，便摇头晃脑地说："小小青蛙穿绿衣。"

孟郊见这位钦差身穿大红蟒袍，又见席桌上有一道烧螃蟹，略一沉思，对道："大大螃蟹着红袍。"

钦差一听，气得浑身像筛糠，但有言说在先，又不好发作，便对县官说："给这小子一个偏席，赏他口饭，看我再和他对。"

钦差几杯酒下肚，又神气活现开了，他斜了一眼小孟郊，又阴阳怪气地说："小小猫儿寻食吃。"

孟郊看满嘴流油的钦差大臣，又看着溜须拍马的县官，心中骂道，你们这帮贪官污吏，便怒气冲冲地回敬道："大大老鼠偷皇粮。"

钦差、县官一听吓得目瞪口呆，出了一身冷汗，原来他们吃的正是救灾的银子。

黄金未是宝，学问胜珠珍。

——（唐）王梵志《黄金未是宝》

【翻译】

黄金不是宝，学问远胜过黄金和珍珠，是最可宝贵的。

【链接】

王梵志

王梵志（？—约670年），原名梵天，生平、家世均不详，卫州黎阳（今属河南）人。唐初诗僧。

王梵志诗歌以说理、议论为主，多据佛理教义以劝诫世人行善止恶，对世态人情多讽刺和揶揄，对社会问题间或涉及。王梵志的诗作从艺术角度上看比较粗糙，但对认识初唐社会和研究白话诗的发展有一定参考价值，对初唐盛行的典雅骈俪诗风有一定冲击作用。

为学大益，在自能变化气质。

—— （宋）张载《经学理窟·义理》

【注解】

（1）变化：改变。

（2）气质：素质和修养。

【翻译】

读书学习最大的好处，在于能自然而然地提高自己的素质和修养。

【链接】

张　载

　　张载（1020—1078年），北宋哲学家，理学创始人之一，程颢、程颐的表叔，理学支脉"关学"创始人，与周敦颐、邵雍、程颐、程颢合称"北宋五子"。其学术思想在中国思想文化发展史上占有重要地位，对以后的思想界产生了较大的影响，他的著作一直被明、清两代政府视为哲学的代表之一，作为科举考试的必读之书。张载著有《崇文集》10卷（已佚）、《正蒙》《横渠易说》《经学理窟》《张子语录》等，明嘉靖间吕柟编有《张子钞释》，清乾隆间刊有《张子全书》，后世编为《张载集》。张载曾言："为天地立心，为生民立命，为往圣继绝学，为万世开太平。"这四句话被当代哲学家冯友兰概括为"横渠四句"。2006年9月，国务院总理温家宝在出访欧洲前夕接受外国记者采访时，曾引用这句话来表达自己的心迹。

自得者所守不变，自信者所守不疑。

——（宋）杨时《河南程氏粹言·论学篇》

【翻译】

自己体验所得到的东西，会始终坚持而不改变；自已确信的东西，会始终坚持而不怀疑。

【链接】

杨 时

杨时（1053—1135年），字中立，号龟山，南剑州将乐（今属福建）人。北宋著名学者。

杨时一生精研理学，特别是他"倡道东南"，对闽中理学的兴起，建有筚路蓝缕之功，被后人尊为"闽学鼻祖"。他的著述颇多，主要收集在《杨龟山先生文集》中。他的哲学思想继承了二程的思想体系，被后人称之为"程氏正宗"。

杨时还用《华严宗》《易经》的内容来阐述他的哲学思想，并用《大学》《中庸》《孟子》中"格物致知"诚"形色""天性"等概念来丰富、扩充自己的思想。对"理一分殊""明镜"等学说有新的创见，还在自然观上，吸收了张载"气"的唯物主义学说。

杨时的哲学思想对后来的罗从彦、李侗、朱熹等人产生了深刻的影响，也对我国的古代哲学，特别是思辨哲学产生过深远的影响。他的哲学思想流传到国外，在韩国、日本的影响很大。

学不贵博，贵于正而已，正则博。

—— （宋）杨时《河南程氏粹言·论学篇》

【翻译】

学习不以广博为贵，贵在学得正确，学得正常，自然就广博了。

【链接】

程门立雪

杨时曾就学于洛阳著名学者程颢门下。程颢死后，又将杨时推荐到其弟程颐门下，在洛阳伊川所建的伊川书院中求学。杨时那时已四十多岁，学问也相当高，但他仍谦虚谨慎，不骄不躁，尊师敬友，深得程颐的喜爱，被程颐视为得意门生，得其真传。

一天，杨时同一起学习的游酢向程颐请求学问，却不巧赶上老师正在屋中打盹儿。杨时便劝告游酢不要惊醒老师，于是两人静立门口，等老师醒来。一会儿，天飘起鹅毛大雪，越下越急，杨时和游酢却还立在雪中，游酢实在受不了，几次想叫醒程颐，都被杨时阻拦住了。直到程颐一觉醒来，赫然发现门外的两个雪人。程颐深受感动，更加尽心尽力地教杨时，杨时不负众望，终于学到了老师的全部学问。之后，后人便用"程门立雪"这个典故，来赞扬那些求学师门、诚心专志、尊师重道的学子。

人不可以不闻道，而道亦未尝不可闻也。用一时之力则有一时之功，用一日之力则有一日之功。

——（明）吴与弼《与傅秉彝书》

【翻译】

人不能不领会道理，而道理也并不是不能领会的。用上一时的功夫就会有一时的收获，用上一天的工夫就会有一天的收获。

【链接】

吴与弼

吴与弼（1391—1469年），初名梦祥、长弼，字子傅（一作子传），号康斋，明崇仁县莲塘（今抚州市崇仁县东来乡）人。崇仁学派创立者，明代学者、诗人，著名理学家、教育家。

吴与弼的理学，"上无所传"，自学自得，身体力行，他的理学思想，概括起来即天道观、性善观、践行观、苦乐观。

吴与弼不仅是明初一位著名的理学家，而且是一位著名的教育家。在中国历史上，他是第一个提出"劳动与读书相结合"的人，其"教育不能脱离生活"的理论，是他教育思想的一个重要内容。

吴与弼重求心得，"不事著述"，故其著作不多，主要有语录体之《日录》1卷。今有明末崇祯刻本《康斋文集》12卷。清康熙间将其《日录》汇入，称《吴先生集》。他的诗文大都是积中发外之作，风格清俊，读了能使人自然兴起。吴与弼有诗7卷，奏议、书信、杂著1卷，记、序、其他各1卷。其诗不下千首，绝句更具特色，诗文清新流畅，淳实近理。其文集收入《四库全书》集部别集类。

大志非才不就，大才非学不成。

——（明）郑心材《郑敬中摘语》

【翻译】

远大的志向不凭借才能是不能实现的，如果不学习，就不能具有卓越的才能。

【链接】

郑心材

郑心材，生卒年均不详，约明神宗万历十八年前后在世，字敬仲，号思泉，海盐人。明朝学者。著有《京兆集》12卷，外集2卷。

君子贵才学，以成身也，非以矜己也；以济世也，非以夸人也。

——（明）吕坤《问学》

【翻译】

君子看重知识和才能，是用它来完善自身，而不是用以炫耀自己；是用它来成就事业，而不是用来向别人夸耀。

【链接】

吕 坤

吕坤（1536—1618年），字叔简、卑心吾、新吴，自号抱独居士，商丘宁陵县人。明代思想家。

吕坤天资聪颖，6岁入学启蒙，15岁作《夜气铭》《招良心诗》。25岁中秀才第一，嘉靖十年（公元1531年），26岁中举，万历二年（公元1574年），39岁中进士，历任右佥都御史、巡抚山西。因不满朝政，遂称病辞官，家居20年，以著述、讲学为务。

吕坤称言行不一、空谈天道性命的道学家是"伪""腐"，提倡"于国家之存亡，万姓之生死，身心之邪正"有用的实学。当时的学者称其著述"多出新意"，其精华在于博宗百家，通其大意，穷其旨趣，而自得为宗，除诸家的"偏见"，而达于"一中"。吕坤自称"不儒不道不禅，亦儒亦道亦禅"。

吕坤著述极多，主要著作为《呻吟语》《去伪斋集》《阴符经注》《四礼疑》《四礼翼》《实政录》等。

吕坤的代表作是《呻吟语》，这是一部探讨人生哲理的著作。吕坤针对明朝后期由盛转衰出现的各种社会弊病，提出了兴利除弊、励精图治的种种主张，并阐述了自己对修身养性、人情世故等方面的心得体会和见解，对当今世人颇有借鉴意义。

《呻吟语》是吕坤积30年心血写成的著述，他在原序中称："呻吟，病声也，呻吟语，病时疾痛语也。"

在本书中，吕坤以儒家思想为基础，吸纳了道家、法家、墨家等诸子百家的思想精华，加上他本人的宦海沉浮以及对人世间冷暖沧桑的独特感受，对人生、国家以及天地宇宙的各种现象有了自己独到的见解和认识，特别是修身养性方面，更有其独特而精辟的论述。

《呻吟语》共6卷，前3卷为内篇，后3卷为外篇，分为性命、存心、伦理、谈道、修身、问学、应务、养生、天地、世运、圣贤、品藻、治道、人情、物理、广喻、辞章等17篇。涉猎广泛，体悟性强，反映出作者对社会、政治、世情的体验，对真理的不懈求索。其中闪烁着哲理的火花和对当时衰落的政治、社会风气的痛恶，表现出其权变、实用、融通诸家的思想。

进德修业在少年，道明德立在中年，义精仁熟在晚年。

——（明）吕坤《问学》

【翻译】

长进道德、钻研学业，这是少年时期的事；精通道理、养成美德，这是中年时期的事；精通道理、具备纯熟的仁德，这是老年时期的事。

学术于事功，犹水之源、木之本也。

——（明）周汝登《郡守拙斋萧侯崇祀记》

【翻译】

学问对于事业，就像水源对于水流、树根对于树木一样。

【链接】

周汝登

周汝登（1547—1629年），字继元，别号海门，嵊县（今属浙江）人。明朝官员、学者。著有《海门先生集》12卷、《东越证学录》16卷及《圣学宗传》等。

学问明则人品真，人品真则事功实，事功实则惠泽长。

——（明）周汝登《郡守拙斋萧侯崇祀记》

【翻译】

学问钻研得透彻，人品就会纯正，人品纯正事业就会扎实，事业扎实恩泽就会长久不衰。

学可以为圣贤、侔天地，而不学不免与禽兽同归。

——（明）方孝孺《家人箴》

【翻译】

努力学习就可以成为圣贤，与天地同尊，不学习就不免同禽兽一样。

【链接】

方孝孺

方孝孺（1357—1402年），字希直，又字希古，其书斋名逊志，后改为正学，故世称正学先生，明朝江浙行省台州路宁海县（今属浙江）人。明朝重臣，著名学者。后因参与组织削藩，反对并拒绝与朱棣合作，不屈而亡。

洪武三十一年（公元1398年），明太祖去世，皇太孙朱允炆继位，也就是明惠帝。明惠帝即位后，遵照太祖遗训，召方孝孺入京委以重任，先后让他出任翰林侍讲及翰林学士。明惠帝敬重方孝孺，读书时每有疑难即向他请教，处理国家大事也会征求他的意见，有时还会让方孝孺批复群臣的奏章。

当时各地藩王势力日益增大，明惠帝实行削藩，以加强中央集权。驻守北平的燕王朱棣（即后来的明成祖）以"清君侧"为名，誓师"靖难"，挥军南下京师。明惠帝亦派兵北伐，当时讨伐燕王的诏书檄文都出自方孝孺之手。

由于方孝孺是名动天下的第一大儒，朱棣起兵时，其谋士姚广孝曾劝朱棣不要杀方孝孺，姚广孝对朱棣说："城下之日，彼必不降，幸勿杀之。杀孝孺，天下读书种子绝矣。"朱棣点头答应了。

朱棣也确实有意借用方孝孺的威信来收揽人心，所以当燕军攻破南京后，朱棣屡次派人到狱中向方孝孺招降，希望由他撰写新皇帝即位的诏书，方孝孺坚决不从。由于方孝孺极不配合，朱棣最终违背了诺言，残暴地灭了方孝孺的十族。

方孝孺临刑遗辞："天降乱离兮孰知其由，三纲易位兮四维不修。骨肉相残兮至亲为仇，奸臣得计兮谋国用犹。忠臣发愤兮血泪交流，以此殉君兮抑又何求？呜呼哀哉庶不我尤！"

方孝孺著作甚丰，《四库全书总目》说他"学术醇正"，文章"乃纵横豪放，颇出入于东坡、龙川之间"，方孝孺每写一篇文章，人们纷纷传诵。方孝孺撰有《周礼考次》《大易枝辞》《武王戒书注》《宋史要言》《帝王基命录》《文统》等。永乐年间，朱棣查禁他的所有著作，并令藏匿方孝孺文集者死罪。其门人王稌潜录制的《侯城集》，为现在传世之作。

耕所以为食，盖资之以给其家；学所以求道，盖资之以裕其身。

——（明）金善《耕读轩记》

【翻译】

耕种土地是为了猎取粮食，利用它来供养家人；读书学习是为了求得真理，利用它来充实自身。

【链接】

著述等身

形容读书或著述很多的典故。典出《宋史·贾黄中传》："黄中幼聪悟，方五岁，玭（中幼父名玭）每旦令正立，展书卷比之，谓之'等身书'，课其诵读。"后人遂用"等身书"形容读书很多，只是后来是说将书册摞起来有身子高，与典源中所指有所不同。也可以用来形容著述极富，多作"著述等身""等身著作"。

根本固者，华实必茂；源流深者，光澜必章。

——（明）张居正《翰林院读书说》

【翻译】

根本坚固的，一定是花儿纷繁，果实累累；源泉深邃的，一定是水色清澄，波浪滚滚。比喻修养高，学识深，才会有大成就。

【链接】

张居正

张居正（1525—1582年），字叔大，号太岳，湖广江陵（今属湖北）人，又称张江陵。明代政治家、改革家。

张居正著有《张太岳集》《书经直解》等，后世则把他所有的著作编入《张文忠公全集》。

知识明，则力量自进。

——（清）《宋元学案·伊川学案》

【翻译】

熟练地掌握了知识，那么力量自然会长进。

【链接】

《宋元学案》

《宋元学案》是了解和研究我国宋、元时代学术思想史的必读参考书，书中全面而详细地记述了当时的学派源流，介绍了各派的学说思想并略加论断，收录范围广，著作选录多，史料考证精，在一定程度上打破宗派门户之见，注意到各家宗旨。全书首冠《考略》，历叙成书始末，次《序录》，次学案正文，并节录了宋、元二代诸儒思想的文章。《宋元学案》共100卷，最早为明末清初黄宗羲整理。从草创到成书、刊印、通行，前后历经二百余年。

口头说出，笔下写出，不如身上做出。

——（清）颜元《颜习斋先生言行录》

【翻译】

对于所学得到的知识不以能用嘴说出来、用笔写出来为可贵，而以身体力行为可贵。

【链接】

颜 元

颜元（1635—1704年），原字易直，更字浑然，号习斋，直隶博野县北杨村（今属河北）人。清初思想家、教育家。

颜元一生以行医、教学为业，继承和发扬了孔子的教育思想，主张"习动""实学""习行""致用"几方面并重，亦即德育、智育、体育三者并重，主张培养文武兼备、经世致用的人才，猛烈抨击宋明理学家"穷理居敬""静坐冥想"的主张。

颜元深刻揭露八股取士制度对于学校教育的危害，对八股取士制度进行了猛烈抨击。他认为学校是培养人才的正当途径，而那种传统的科举制度，以时文（八股文）取士，是用八股文代替实学，不仅不能选拔真才，反而会引学者入歧途，贻误人才。所以他指出："天下尽八股，中何用乎！故八股行而天下无学术，无学术则无政事，无政事则无治功，无治功则无升平矣。故八股之害，甚于焚坑。"其主要著述为《四存编》《习斋记余》。

问 学

学而不厌，诲人不倦。

——（先秦）《论语·述而》

【注解】

（1）厌：满足。

（2）倦：厌倦。

【翻译】

自己学习不感到满足，教诲别人不感到厌倦。

【链接】

韦编三绝

形容刻苦认真读书的典故。语出《史记·孔子世家》："（孔子）读《易》，韦编三绝。曰：'假我数年，若是，我于《易》则彬彬矣（研究得差不多）矣。'"韦编，是用来连接竹简的熟牛皮；三绝，是断了三次。此典的其他形式有"绝编""三编绝""韦三绝""绝韦编""三绝韦编"等。

学而时习之，不亦说乎？

—— （先秦）《论语·述而》

【注解】

时：时不时，经常。

说：通"悦"，高兴。

【翻译】

学习并经常温习，不是很让人高兴吗？

【链接】

下帷读书

形容闭门谢客、专心读书学习的典故。语出《史记·儒林列传·董促舒》："董仲舒，广川人也，以治《春秋》，孝景时为博士，下帷（放下室内悬挂的帷幕）讲诵，弟子传以久次相受业，或莫见其面。盖三年董仲舒不观于舍园，其精如此。"此典的其他形式有"下帷（帏）""下书帷""闭户垂帷""垂帷闭户"等。

敏而好学，不耻下问。

——（先秦）《论语·公冶长》

【注解】

（1）敏：聪明。

（2）好：喜好。

（3）耻：羞耻，耻辱。

【翻译】

天资聪明而又好学，不以向地位比自己低、学识比自己差的人请教为耻。

【链接】

"敏而好学，不耻下问"的由来

卫国大夫孔圉聪明好学，更难得的他是个非常谦虚的人。在孔圉死后，卫国国君为了让后代的人都能学习和发扬他好学的精神，因此特别赐给他一个"文公"的称号。后人就尊称他为孔文子。

孔子的学生子贡也是卫国人，但是他却不认为孔圉配得上那样高的评价。有一次，他问孔子说："孔圉的学问及才华虽然很高，但是比他更杰出的人还很多，凭什么赐给孔圉'文公'的称号？"孔子听了微笑说："孔圉非常勤奋好学，脑筋聪明又灵活，而且如果有任何不

懂的事情，就算对方地位或学问不如他，他都会大方而
谦虚地请教，一点儿都不因此感到羞耻，这就是他难得
的地方，因此赐给他'文公'的称号并不会不恰当。"经
过孔子这样的解释，子贡终于明白了。

学不可以已。

——（先秦）《荀子·劝学》

【注解】

（1）已：停止。

【翻译】

学习是不能够停止的。

【链接】

悬梁刺股

形容发愤读书的典故。悬梁，语见《太平御览》引
晋张方《楚国先贤传》："孙敬好学，时欲寤寐（打瞌
睡），悬头至屋梁以自课。"刺股，语出《战国策·秦策
一》："（苏秦）乃夜发书。陈箧数十，得太公《阴符》
之谋。伏而诵之。简练以为揣摩。读书欲睡，引锥自刺
其股（大腿），血流至足。"

少而好学，如日出之阳；壮而好学，如日中之光；老而好学，如炳烛之明。

————（汉）刘向《说苑·建本》

【注解】

（1）日出之阳：初升的太阳，早晨的太阳。

（2）日中之光：正午的太阳光。

（3）炳烛之明：点燃蜡烛照明时的光亮。

【翻译】

年少时喜欢学习，好像是太阳刚刚出来时的阳光；壮年时喜欢学习，好像是正午的阳光；老年时喜欢学习，好像是点燃蜡烛照明时的光亮。

【链接】

宋濂冒雪访师

明朝著名散文家、学者宋濂自幼好学，不仅学识渊博，而且写得一手好文章，被明太祖朱元璋赞誉为"开国文臣之首"。宋濂很爱读书，遇到不明白的地方总要刨根问底。有一次，宋濂为了搞清楚一个问题，冒雪行走数十里，去请教已经不收学生的梦吉老师，但梦老师并不在家。宋濂并不气馁，而是在几天后再次拜访梦老师，但梦老师并没有接见他。因为天冷，宋濂和同伴都被冻得够呛，宋濂的脚趾都被冻伤了。当宋濂第三次独自拜访的时

候，掉入了雪坑中，幸被人救起。当宋濂几乎晕倒在梦老
师家门口的时候，梦老师被他的诚心所感动，耐心解答了
宋濂的问题。后来，宋濂为了求得更多的学问，不畏艰辛
困苦，拜访了很多老师，最终成为闻名遐迩的散文家。

非学无以广才，非志无以成学。

——（三国）诸葛亮

【链接】

挟策读书

比喻勤奋读书的典故。语出《庄子·外篇·骈拇第八》：
"臧与谷二人相与牧羊而俱亡其羊。问臧奚事，则挟策读
书，问谷奚事，则博塞以游。"策，写书的竹简。博塞，古
代的一种游戏。后人便以"挟策""挟册""挟策读书"
"挟策亡羊""读书亡羊"表示专心致志地勤奋读书。

君子之学也，其可一日而息乎。

——（宋）欧阳修《杂说》之三

【注解】

（1）其：通"岂"，难道。

（2）息：停止。

【翻译】

君子学习，难道可以稍有懈怠吗？

【链接】

藏之名山

形容作品很有价值，因而非常值得珍视的典故。语出汉司马迁《报任安书》："仆诚以著此书，藏之名山，传之其人，通邑大都，则仆偿前辱之责，虽万被戮，岂有悔哉！"此典的主要形式有"藏之名山""藏诸名山""藏版名山""名山藏""藏名岳""藏述著"等。

大抵为学，虽有聪明之资，必须做迟钝工夫始得。

————（宋）朱熹《朱子语类》卷八

【注解】

（1）大抵：大体，大概。

【翻译】

做学问，大体来说，即使有很好的天资，也必须勤勤恳恳，下许多笨工夫。

【链接】

朱 熹

朱熹（1130—1200年），字元晦，一字仲晦，号晦庵，晚称晦翁，又称紫阳先生、考亭先生、沧州病叟、云谷老人，谥文，又称朱文公，南宋江南东路徽州府婺源县（今江西省婺源）人。朱熹19岁进士及第，曾任荆湖南路安抚使，仕至宝文阁待制。为政期间，申饬令，惩奸吏，治绩显赫。朱熹是南宋著名的理学家、思想家、哲学家、教育家、诗人，闽学派的代表人物，世称朱子，是孔子、孟子以来最杰出的弘扬儒学的大师。

朱熹是程颢、程颐的三传弟子李侗的学生，有专家认为他确立了完整的客观唯心主义体系。

朱熹于建阳云谷结草堂名"晦庵"，在此讲学，世称"考亭学派"，亦称朱熹为考亭先生。朱熹承北宋周敦颐与二程学说，创立宋代研究哲理的学风，称为理学。其著作甚多，辑定《大学》《中庸》《论语》《孟子》为"四书"，作为教本。

《朱子语类》

《朱子语类》是朱熹与其弟子问答的语录汇编。宋代景定四年（公元1263年）黎靖德以类编排，于咸淳二年（公元1266年）刊为（朱子语类大全）140卷，即今通行本《朱子语类》。此书编排次第，首论理气、性理、鬼神等世界本原问题，以太极、理为天地之始；次释心性情意、仁义礼智等伦理道德及人物性命之原；再论知行、力行、读书、为学之方等认识方法。又分论"四书""五经"，以明此理，以孔孟周程张朱为传此理者，排释老、明道统。《朱子语类》基本代表了朱熹的思想，内容丰富，析理精密。主要版本有宋咸淳二年《朱子语类》书影刊本、明成化九年（公元1473年）陈炜刻本、清吕留良宝诰堂刻本、广州书局本等。中华书局有排印本。

古人学问无遗力，少壮工夫老始成。

——（宋）陆游《冬夜读书示子聿》

【翻译】

古时的人做学问是不遗余力的，年轻时就很用功，到年老才能有所成就。

【链接】

《冬夜读书示子聿》

子聿是陆游最小的儿子。陆游在冬日寒冷的夜晚，沉醉书房，乐此不疲地啃读诗书。窗外，北风呼啸冷气逼人，诗人却浑然忘我，置之脑后，静寂的夜里，他抑制不住心头奔腾踊跃的情感，写就八首《冬夜读书示子聿》的诗，满怀深情地送给儿子。

原文：

古人学问无遗力，少壮工夫老始成。

纸上得来终觉浅，绝知此事要躬行。

翻译：

古人做学问是不遗余力的，往往在少年时开始努力，到老了才会有收获。

从书本上得到的知识永远是肤浅的，不能感受到知识的真实道理，要真正理解书中的道理必须亲自实践。

《冬夜读书示子聿》其余七首

简断编残字欲无，吾儿不负乃翁书。

绝胜锁向朱门里，整整牙签饱蠹鱼。

圣师虽远有遗经，万世犹传旧典刑。

白首自怜心未死，夜窗风雪一灯青。

残雪初消荠满园，糁羹珍美胜羔豚。

吾曹舌本能知此，古学工夫始可言。

读书万卷不谋食，脱粟在傍书在前。

要识从来会心处，曲肱饮水亦欣然。

世间万事有乘除，自笑赢然七十余。

布被藜羹缘未尽，闭门更读数年书。

易经独不遭秦火，字字皆如见圣人。
汝始弱龄吾已耄，要当致力各终身。

宦途至老无余俸，贫悴还如筮仕初。
赖有一筹胜富贵，小儿读遍旧藏书。

知不足者好学，耻下问者自满。

——（宋）林逋《省心录》

【翻译】

知道自己有不足之处，就喜欢学习；耻于向地位比自己低的人求教，就会满足于已有的成绩而不思进取。

【链接】

林　逋

林逋（967—1028 年），字君复，后人称为和靖先生，钱塘人（今浙江杭州）。北宋诗人

林逋出生于儒学世家，恬淡好古，早年曾游历于江淮等地，隐居于西湖孤山，终身不仕，未娶妻，唯喜植梅养鹤，自谓"以梅为妻，以鹤为子"，人称"梅妻鹤子"。

林逋性孤高自好，喜恬淡，不趋名利，自谓："然吾志之所适，非室家也，非功名富贵也，只觉青山绿水与我情相宜。"

林逋善为诗，其词澄浃峭特，多奇句。其诗大都反映隐居生活，描写梅花尤其入神，苏轼高度赞扬林逋之诗、书及人品。

林逋今存词三首，诗三百余首。后人辑有《林和靖先生诗集》四卷，其中《将归四明夜话别任君》《送丁秀才归四明》等为思乡之作。

学无早晚，但恐始勤终随。

—— （宋）张孝祥《勉过子读书》

【注解】

（1）随：放任。

【翻译】

学习不在于起步早晚，但是可怕的是开始勤奋，最终放任。

【链接】

张孝祥

张孝祥（1132—1170年），字安国，别号于湖居士，历阳乌江（今属安徽）人，生于明州鄞县（今浙江宁波）。南宋著名词人、书法家。有《于湖居士文集》、《于湖词》传世。《全宋词》辑录其223首词。

囊萤映雪

比喻贫士苦读的典故。"囊萤"典出《艺文类聚·续晋阳秋》："车胤字武子，学而不倦。家贫不常得油，夏日用练囊盛数十萤火，以夜继日焉。""映雪"典出《初学记》卷二引《宋齐语》："孙康家贫，常映雪读书。"此两典的主要形式有"囊萤""聚萤""照萤""读书萤""映雪""照雪""窗雪"等，两典并用还有"雪窗萤火""萤雪"等形式。

十年窗下无人问，一举成名天下知。

——（元）刘祁《归潜志》卷七

【翻译】

窗下苦读十年，无人过问，一旦功成名就，天下尽知。

【链接】

刘　祁

刘祁（1203—1259年），字京叔，号神川遁士，山西大同市浑源县人。元朝学者。

刘祁出身书香门第，父亲刘从益是金朝官员。刘祁自小就是个神童，随父亲在任所读书。后成为太学生，屡试不第。

元兵入汴京后，刘祁从汴京、铜壶经过燕山，辗转两千里，回到故乡浑源，"四壁萧然，日惟生事之见迫"，于是把书房取名"归潜"，写下了所见所闻，取名《归潜志》。共十四卷，卷一至卷六为金朝著名人物（如赵秉文、杨云翼）传记，卷七至卷十为杂记遗事（如苏轼、杨万里、辛弃疾、党怀英），卷十三为杂说，是元代纂修《金史》的重要史料。

元太宗窝阔台十年（公元1238年），朝廷诏试儒士，刘祁一试即中，当过山西东路考试官，征南行台粘合圭聘入幕府，以备参谋。著有《神川遁士集》，今佚失。

高凤流麦

形容专心致志勤奋读书的典故。语出《后汉书·逸民传·高凤》："高凤字文通，南阳叶人也。少为书生，家以农亩为业，而专精诵读，昼夜不息。妻尝之田，曝麦于庭，令凤护鸡。时天暴雨，而凤持竿诵经，不觉潦水流麦。妻还怪问，凤方悟之。其后遂为名儒，乃教授业于西唐山中。"后人于是以"流麦""麦流""弃麦""麦不收""中庭麦""高凤"等来形容专心读书。

人之进学，不在于志气进锐之时，而在于工夫有常之后。

——（明）章懋《枫山章先生语录》

【注解】

（1）进：长进。

（2）志气：下决心。

（3）进锐：锐意于精进。

（4）有常：持之以恒。

【翻译】

人的学问的长进，不是在突然要锐意于学习的那一时刻，而是在持之以恒地学习之后。

【链接】

章　懋

章懋（1436—1522年），字德懋，明朝官员。

章懋为人坦荡，生活俭朴，其道德风范和文章为世推重。兰溪文风以明代为最盛，章懋实为先导。主要著作有《枫山章先生语录》《枫山集》及附录。所纂《兰溪县志》，为兰溪现存最早方志。

温舒编蒲

形容勤学的典故。典出《汉书·贾枚邹路传》:"路温舒字长君,巨鹿东里人也。父为里监门。使温舒牧羊,温舒取泽中蒲,截以为牒,编用写书。"晋时的王育也在牧羊时折蒲学书,最后博通经史。此典的其他形式有"编蒲""截蒲""削蒲""题蒲""编简"等。

为学大病在好名。

—— (明)王守仁《传习录》

【翻译】

做学问,最大的毛病是贪求虚名。

【链接】

王守仁

王守仁(1472—1529年),字伯安,号阳明子,世称阳明先生,故又称王阳明,浙江余姚人(今浙江余姚)。明代最著名的思想家、哲学家、文学家和军事家,陆王心学之集大成者,精通儒家、佛家、道家,能统军征战,一生事功显赫,是中国历史上罕见的全能大儒,故又被称为"真三不朽"。

　　王守仁生于明朝中叶，当时政治腐败，社会动荡，学术颓败，王守仁试图力挽狂澜，拯救人心，于是开创"身心之学"，倡良知之教，修万物一体之仁。

　　王守仁是我国宋明时期心学集大成者。王守仁继承陆九渊强调"心即是理"之思想，反对程颐、朱熹通过事事物物追求"至理"的"格物致知"方法，因为事理无穷无尽，格之则未免烦累，所以提倡从自己内心中去寻找"理"，认为"理"全在人"心"，"理"化生宇宙天地万物，人秉其秀气，故人心自秉其精要。

　　在知与行的关系上，王守仁从"天地万物本吾一体"出发，强调要知，更要行，知中有行，行中有知，所谓"知行合一"，二者互为表里，不可分离。知必然要表现为行，不行则不能算真知。

　　王守仁的学说以"反传统"的姿态出现，在明代中期以后，形成了阳明学派，影响很大，他广收门徒，遍及各地。王守仁死后，其哲学思想，远播海外，特别对日本学术界以很大的影响，日本大将东乡平八郎就有一块"一生伏首拜阳明"的腰牌。阳明学在日本也直接成为明治维新中传统思想抵制全盘西化的基础，所以现在的日本，其传统保留得比中国好很多。

　　王阳明的文学成就也很高，但往往被其事功、哲学所掩盖。《古文观止》中收录了王阳明的名篇《瘗旅文》《教条示龙场诸生》。

人之天分有不同，论学则不必论天分。

—— （明）王艮《语录》

【翻译】

人的先天资质不同，学习则无须讲究资质高下。

【链接】

王 艮

王艮（1483—1541年），初名银，明代思想家王守仁替他改名为艮，字汝止，号心斋，泰州安丰场（今属江苏）人，人称王泰州。起初投入王守仁门下只为求生，后经王守仁点化转而治学，并创立传承阳明心学的泰州学派。

王艮38岁时赴江西，师从江西巡抚王阳明，是王阳明的重要弟子之一。王阳明一开始觉得他个性高傲，因此把他的名字改成带有静止意思的"艮"字。王艮经常与师争论，"时时不满师说"，坚持自己的观点，既"反复推难、曲尽端委"，又"不拘泥传注""因循师说"，于是自创"淮南格物说"。有一次坐"招摇车"（蒲轮）招摇过市，遭王阳明指责。

王阳明病逝后，王艮"迎丧桐庐，约同志经理其家"，"往会稽会葬"，照料其后人。后来王艮定居泰州安丰，开始自立门户，创立泰州学派，主张"百姓日用即道"。其学说的特点是简单易行，易于启发市井小民、贩夫走卒，极具平民色彩，故流传甚远。其学说属于前资本主义时代反映城市平民、农民大众思想情感的儒学流派，故称"平民儒学"，充满对传统儒教的叛逆精神。王艮在讲学时别出心裁，按《礼经》制着深衣、戴五常冠，"行则规园方矩，坐则焚香默识"。他一生布衣，拒绝入仕。

人之为学，不日进则日退。

——（清）顾炎武《与人书》之一

【翻译】

人做学问，如果不天天进步，就会天天退步。

【链接】

顾炎武

顾炎武（1613—1682年），原名绛，字忠清。明亡后，因为仰慕文天祥的学生王炎午的为人，改名炎武，字宁人，当时的学者尊为亭林先生。南直隶（清改江南省）苏州府昆山县（今属江苏）人。明末清初著名的思想家、史学家、语言学家。顾炎武知识渊博，与黄宗羲、王夫之并为明末清初三大儒。

顾炎武反对宋明理学空谈"心、理、性、命",提倡"经事致用"的实际学问和对器物的研究,强调"形而上者谓之道,形而下者谓之器,非器则道无所寓",因而提出以"实学"代替"理学"的主张。晚年侧重经学的考证,考订古音,分古韵为10部,认为"读九经自考文始,考文自知音始"。著有《日知录》《音学五书》等,他是清代古韵学的开山祖,成果累累。他对切韵学也有贡献,但不如他对古韵学贡献多。

读 书

尽信书，则不如无书。

—— （先秦）《孟子·尽心下》

【注解】

（1）尽：完全。

（2）信：迷信。

（3）书：指《尚书》。

【翻译】

完全相信《尚书》，那么还不如没有《尚书》。泛指读书不要拘泥于书上的知识或迷信书本。

【链接】

孟 子

孟子（前372—前289年），名轲，字子舆（待考，一说字子车或子居），战国时期鲁国人，鲁国庆父后裔。中国古代著名思想家、教育家，战国时期儒家代表人物。孟子继承并发扬了孔子的思想，成为仅次于孔子的一代儒家宗师，有"亚圣"之称，与孔子合称为"孔孟"。

孟子3岁丧父，孟母艰辛地将他抚养成人。孟母管束甚严，"孟母三迁""孟母断织""不敢去妇"等故事，成为千古美谈，是后世母教之典范。《韩诗外传》载有"孟母断织"等故事，《列女传》载有"孟母三迁"等故事。孟子曾仿效孔子，带领门徒周游各国，但不被当时各国所接受，随后退隐与弟子一起著书。孟子在政治上主张法先王、行仁政；在学说上推崇孔子，攻击杨朱、墨翟。孟子与其弟子的言论汇编于《孟子》一书，是儒家学说的经典著作之一。孟子的文章说理畅达，气势充沛，逻辑严密，尖锐机智，代表着传统散文写作的一个高峰。孟子在人性问题上提出性善论，即"人之初，性本善"。

"尽信书，则不如无书"的缘起

殷商末年，周武王继位后四年，得知商纣王的商军主力远征东夷，朝歌空虚，即率兵伐商。周武王率本部及八个部落军队，进至牧野，爆发了历史上著名的牧野之战。

商纣王惊闻周军来袭，仓促调动少量的防卫兵士和战俘，开赴牧野迎战。商军的兵力和周军相比悬殊，但忠于纣王的将士们都决心击退来犯之敌，展开了一场异常激烈的殊死搏斗。

后来，《尚书·武成》一篇上说："受（纣王）率其旅如林，会于牧野。罔有敌于我师（没有人愿意和我为敌），前徒倒戈，攻于后以北（向后边的自己人攻击），血流漂杵。"

战国时期的孟子，一次阅读了《尚书·武成》一篇，颇有感慨。他说："尽信书，则不如无书。吾于《武成》取二三策而已矣。仁人无敌于天下。以至仁伐至不仁，而何其血之流杵也？"孟子认为，像周武王这样讲仁道的人，讨伐商纣王这样极为不仁的人，怎么会使血流成河呢？孟子不相信《尚书》中的这个记载，才说了这段话。意思是提醒人们，读书时应该加以分析，不能盲目地迷信书本。

一日无书，百事荒芜。

——（晋）陈寿《三国志》

【翻译】

一天没有读书，百事都会耽误。

【链接】

陈　寿

陈寿（233—297年），字承祚，西晋巴西安汉（今四川南充）人，《三国志》的作者。陈寿小时候好学，师从于同郡学者谯周，在蜀汉时曾任卫将军主簿、东观秘书郎、观阁令史、散骑黄门侍郎等职。当时，宦官黄皓专权，大臣都曲意附从。陈寿因为不肯屈从黄皓，所以屡遭遣黜。蜀汉灭亡后，晋司空张华爱其才，就向司马炎推荐陈寿，陈寿再次为官，历任著作郎、长平太守、治书侍御史等职。在职期间，陈寿整理出了诸葛亮的文集，命名为《蜀相诸葛亮集》，同时写出了有名的《三国志》，共计65卷。

《三国志》

《三国志》是一部记载魏、蜀、吴三国鼎立时期的纪传体断代史。其中，《魏书》30卷，《蜀书》15卷，《吴书》20卷，共65卷。记载了从魏文帝黄初元年（公元220年）到晋武帝太康元年（公元280年）共60年的历史。对于今天的大多数人来说，了解"三国文化"多是通过明代罗贯中所写的《三国演义》（四大名著之一），那么这两部相距千年的著作之间究竟是一种什么样的关系呢？《三国志》是史书，《三国演义》是历史小说，《三国演义》的全称是《三国志通俗演义》，现在统称《三国演义》。《三国志》与《史记》《汉书》《后汉书》一起被后世史学家尊称为"中华史学名著前四史"，历代史学家对《三国志》都有着极高的评价。国内外众多专家学者认为，陈寿的《三国志》是时至今日已经形成的"三国文化"的源头。

读书百遍，其义自见。

—— （晋）陈寿《三国志·魏志·董遇传》

【注解】

（1）见：通"现"，显现。

【翻译】

读书上百遍，书意自然领会。

【链接】

董遇"三余"读书

董遇，字季直。为人朴实敦厚，从小喜欢学习。汉献帝兴平年间，关中李傕等人作乱，董遇和他哥哥便投朋友段煨处。董遇和他哥哥入山打柴，背回来卖几个钱，以维持生活。每次去打柴董遇总是带着书本，一有空闲，就拿出来诵读，他哥哥讥笑他，但他还是照样读他的书。

董遇对《老子》很有研究，替它做了注释；对《春秋左氏传》也下过很深的功夫，根据研究心得，写成《朱墨别异》。附近的读书人请他讲学，他不肯教，却对人家说："读书百遍，其义自见。"请教的人说："您说的有道理，只是苦于没有时间。"董遇说："应当用'三余'时间。"有人问"三余"是什么，董遇说："三余就是三种空闲时间。冬天，没有多少农活，这是一年里的空闲时间；夜间，不便下地劳动，这是一天里的空闲时间；雨天，不好出门干活，也是一种空闲时间。"

奇文共欣赏，疑义相与析。

—— （晋）陶渊明《移居》其一

【翻译】

见有好文章大家一同欣赏，遇到疑难处大家一同钻研。

【链接】

陶渊明

陶渊明（约365—427年），又名潜，字元亮，浔阳柴桑（今江西九江）人。东晋著名诗人。

陶渊明出身于破落的官僚地主家庭，从小受儒家思想的教育，对生活充满幻想，希望通过仕途实现自己"大济苍生"的宏愿。自29岁起，曾任江州祭酒、镇军参军、彭泽县令等职。

陶渊明不满当时士族地主把持政权的黑暗现实，任彭泽县令时，因不愿"为五斗米而折腰"，仅八十多天就辞官回家，作《归去来兮辞》，自明本志。从此"躬耕自资"，直至63岁在贫病交迫中去世。

陶渊明长于诗文歌赋，诗歌多描写自然景色及其在农村生活的情景，其中的优秀作品隐含着他对腐朽统治集团的憎恶和不愿同流合污的精神，但也有虚无的"人生无常""乐天安命"等消极思想。另一类题材的诗，如《咏荆轲》等，则表现了他的政治抱负，颇为悲愤慷慨。散文以《桃花源记》最有名。陶渊明的诗文兼有平淡与爽朗的风格，语言质朴自然，又极为精练。有《陶渊明集》传世。

《移居》诗

陶渊明的《移居》诗共两首，写于义熙五年（公元409年）。义熙四年，陶渊明在上京的居所失火，陶渊明只得栖身船上。一年多以后，移居浔阳郊外的南村，写下了这两首诗。他借移居之乐来表达自己朴素的人生理想。

原文：

移居（其一）

昔欲居南村，非为卜其宅。

闻多素心人，乐与数晨夕。

怀此颇有年，今日从兹役。

敝庐何必广，取足蔽床席。

邻曲时时来，抗言谈在昔。

奇文共欣赏，疑义相与析。

翻译：

早想住到南村来，不是为了要挑什么好宅院。知道这里住着不少心地淳朴的人，愿意同他们度过每一个早晨和夜晚。这个念头已经有了好多年，今天才算把这件大事办完。简朴的屋子何必求大，只要够摆床铺就能心安。邻居老朋友经常来我这里，谈谈过去的事情，人人畅所欲言。见有好文章大家一同欣赏，遇到疑难处大家一同钻研——这是作者写搬家以后和知心朋友朝夕欢叙的情景。

附：移居（其二）

春秋多佳日，登高赋新诗。

过门更相呼，有酒斟酌之。

务农各自归，闲暇辄相思。

相思则披衣，言笑无厌时。

此理将不胜，无为忽去兹。

衣食当须纪，力耕不吾欺。

好读书，不求甚解；每有会意，便欣然忘食。

——（晋）陶渊明《五柳先生传》

【注解】

（1）不求甚解：读书只求领会要旨，不在一字一句的解释上过分深究。甚，深入，过分。

（2）会意：对书中的内容有所领会。会，体会，领会，今意指领会别人没有明白的意思。

【翻译】

喜欢读书，但只求领会要旨，不在一字一句的解释上过分深究。每当读书有所领悟的时候，就会高兴得忘了吃饭。

【链接】

《五柳先生传》

陶渊明号五柳先生，《五柳先生传》所写，都可以从史传和本集有关作者的记事中得到印证。在一定意义上，可以说《五柳先生传》就是作者的自画像，这是读本文首先应该把握的。

原文：

先生不知何许人也，亦不详其姓字，宅边有五柳树，因以为号焉。闲静少言，不慕荣利。好读书，不求甚解；每有会意，便欣然忘食。性嗜酒，家贫不能常得。亲旧知其如此，或置酒而招之；造饮辄尽，期在必醉。既醉而退，曾不吝情去留。环堵萧然，不蔽风日；短褐穿结，箪瓢屡空，晏如也。常著文章自娱，颇示己志。忘怀得失，以此自终。

赞曰：黔娄之妻有言："不戚戚于贫贱，不汲汲于富贵。"其言兹若人之俦乎？衔觞赋诗，以乐其志。无怀氏之民欤？葛天氏之民欤？

翻译：

五柳先生不知道是什么地方的人，也不清楚他的姓名和表字。因为住宅旁边植有五棵柳树，于是就用"五柳"作为自己的别号了。五柳先生安闲沉静，很少说话，也不羡慕荣华利禄。五柳先生喜欢读书，但只求领会要旨，不在一字一句的解释上过分深究；每当读书有所领悟的时候，就会高兴得忘了吃饭。五柳先生生性嗜好喝酒，但因为家里贫穷就不能经常喝酒。亲戚朋友知道他这种境况，有时摆了酒席就叫他来一起喝酒。他去喝酒就喝个尽兴，并且希望一定喝醉，喝醉了就离开，从来不有意留下。简陋的居室里空空荡荡，破旧得连风和太阳都无法遮挡，粗布短衣上打了补丁，饮食简陋而且经常短缺，而他却能安然自得。常常以写诗做文章当娱乐，稍微抒发自己的志趣。他能够忘掉世俗的得失，只愿这样过完自己的一生。

评论说，黔娄的妻子曾经说过："不为贫贱而忧愁，不热衷于发财做官。"这话大概说的是五柳先生一类的人吧？一边喝酒一边作诗，为自己抱定的志向而感到快乐，他也许是无怀氏时期的人吧？也许是葛天氏时期的人吧？

积财千万，无过读书。

——（北齐）颜之推

【链接】

十年窗下

形容长期闭门苦读的典故。语出金元间刘祁的《归潜志》："南渡后疆土狭隘，止河南、陕西，故仕进调官，皆不得遽。人仕或守十余载，号重复累，往往归耕或教小学养生。故当时有云：'古人谓十年窗下无人问，一举成名天下知；今日一举成名天下知，十年窗下无人问也。'"后人便以"十年窗下""寒窗十载""寒窗之下""十载寒窗""灯窗十载"等词语来形容长期清贫自守，闭门苦读。

映月读书

比喻在生活十分艰苦的条件下坚持读书的典故。语出《南齐书·孝义传·江泌》："（江）泌少贫，昼日斫屧（做鞋子），夜读书，随月光握卷升屋（登上屋顶）。"此典流传甚广，主要有"映月""趁月亮""月下读""对月影"等形式。

读书破万卷，下笔如有神。

—— （唐）杜甫

杜甫（712—770年），字子美，自号少陵野老，世称"杜少陵""杜工部"，河南巩县（今属河南）人，原籍湖北襄阳。唐朝伟大的现实主义诗人，被后人称为"诗圣"，与李白并称"李杜"。

杜甫曾任左拾遗、检校工部员外郎，因此后世称其

"杜工部"。他以古体诗、律诗见长，风格多样，以"沉郁顿挫"四个字可以准确概括出其作品的风格，而以沉郁为主。

杜甫生活在唐朝由盛转衰的历史时期，其诗多涉笔社会动荡、政治黑暗、人民疾苦，因此其诗被誉为"诗史"。杜甫一生写诗一千四百多首，其中很多是流传千古的名篇，如"三吏"（《石壕吏》《新安吏》《潼关吏》）、"三别"（《新婚别》《无家别》《垂老别》）。杜甫的诗篇流传数量是唐诗里最多且最广泛的，对后世影响深远，有《杜工部集》传世。

三更灯火五更鸡，正是男儿读书时。黑发不知勤学早，白首方悔读书迟。

——（唐）颜真卿《劝学》诗

【注解】

（1）三更灯火：三更半夜，很晚了。

（2）五更鸡：天快亮时，鸡啼叫。

（3）黑发：年少时期，指少年。

（4）白首：人老了，指老人。

【翻译】

每天三更半夜到鸡啼叫的时候，是男孩子们读书的最好时间。少年时只知道玩儿，不知道要好好学习，到老的时候才后悔自己年少时为什么不知道要勤奋学习。"三更灯火五更鸡"本是闽南俗语，是指勤劳的人、勤奋学习的学生在三更半夜时还在工作、学习，三更时灯还亮着，熄灯躺下稍稍歇息不久，五更的鸡就叫了，这些勤劳的人又得起床忙碌开了。

【链接】

颜真卿

颜真卿（709—785年），字清臣，京兆万年（今陕西西安）人，祖籍琅琊临沂孝悌里（今属山东）。唐代政治家、书法家，楷书与欧阳询、柳公权、赵孟頫并称"楷书四大家"。

颜真卿家学渊博，其六世祖颜之推是北齐著名学者，著有《颜氏家训》。颜真卿少时家贫，缺纸笔，用笔蘸黄土和水在墙上练字。初学褚遂良，后师从张旭的笔法，又汲取初唐四家特点，兼收篆隶和北魏笔意，完成了雄健、宽博的颜体楷书的创作，树立了唐代的楷书典范。颜真卿的楷书一反初唐书风，行以篆籀之笔，化瘦硬为丰腴雄浑，结体宽博而气势恢宏，骨力遒劲而气概凛然。他的书体被称为"颜体"，与柳公权并称"颜柳"，有"颜筋柳骨"之誉。

颜真卿的作品很多，著名的墨迹据说有138种。楷书代表作有《王琳墓》《郭虚已墓志》《多宝塔碑》《东方朔画赞碑宋拓本》《勤礼碑》《元结碑》《麻姑仙坛记》《大唐中兴颂》《竹山堂联句诗帖》（唐临本，北京故宫博物院藏）、《告身帖》《争座位帖》《奉使帖》。行草书代表作有《祭侄文稿》（真迹，被称为天下第二行书，台北故宫博物院藏）、《争座位帖》《裴将军帖》（临本，北京故宫博物院藏）、《自书告身》（日本藏）、《刘中使帖》（台北故宫博物院藏）、《湖州帖》（宋仿本，北京故宫博物院藏）。

书山有路勤为径，学海无涯苦作舟。

——（唐）韩愈

【链接】

韩　愈

韩愈（768—824年），字退之，出生于河南河阳（今河南），祖籍郡望昌黎郡（今属河北），自称昌黎韩愈，世称韩昌黎；晚年任吏部侍郎，又称韩吏部。卒谥文，世称韩文公。唐代文学家，为"唐宋八大家"之首，与柳宗元同是当时古文运动的倡导者。著作有《昌黎先生集》。

韩愈长于诗文，力斥当时骈文，提倡古文，与柳宗元并称"韩柳"。其文章以排斥佛老、阐明儒家之道为宗旨，长于议论，《师说》《送董邵南序》《原性》《原道》《谏迎佛骨表》《进学解》《送穷文》等广为流传。其诗有论者以为可以列李白、杜甫之后，居全唐第三。韩诗以文为诗，以论为诗，求新求奇，有气势，对纠正大历诗风起到了一定作用，对宋诗产生了较大影响，代表作有《南山诗》《调张籍》《听颖师弹琴》《左迁至蓝关示侄孙湘》《早春呈水部张十八员外》《春雪》《晚春》等。

立身以立学为先，立学以读书为本。

——（宋）欧阳修

【链接】

欧阳修

欧阳修（1007—1073年），字永叔，自号醉翁，自称"庐陵人"，晚年号六一居士，谥号文忠，世称"欧阳文忠公"，吉州永丰（今江西永丰）人。北宋政治家、文学家、史学家和诗人，"唐宋八大家"之一。

欧阳修是北宋诗文革新运动的领导者，喜奖掖后进，苏轼兄弟及曾巩、王安石皆出其门下。其诗、词、散文均为一时之冠，代表作有散文《朋党论》《五代史伶官传序》《醉翁亭记》《秋声赋》《祭石曼卿文》《卖油翁》，词《采桑子·群芳过后西湖好》《诉衷情·清晨帘幕卷秋霜》《踏莎行·候馆残梅》《生查子·去年元夜时》《朝中措·平山栏槛倚晴空》《蝶恋花·庭院深深深几许》，诗《戏答元珍》和《画眉鸟》。有《欧阳文忠公文集》传世。

读书谓已多，抚事知不足。

——（宋）王安石

【链接】

王安石

王安石（1021—1086年），字介甫，晚年号半山，抚州临川（今属江西）人。北宋政治家、思想家、文学家，"唐宋八大家"之一。

王安石强调"权时之变"，反对因循保守，是中国11世纪的改革家。王安石为宋仁宗庆历进士。嘉祐三年（公元1058年），王安石上万言书，提出变法主张，要求改变"积贫积弱"的局面，推行富国强兵的政策，抑制官僚地主的兼并，强化统治力量，以防止大规模的农民起义，巩固地主阶级的统治。神宗熙宁二年（公元1069年），任参知政事。次年任宰相，依靠神宗实行变法，并支持五取西河等州，改善对西夏作战的形势。因保守派反对，新法遭到阻碍。

王安石的散文雄健峭拔，诗歌遒劲清新，词虽不多而风格高峻，《桂枝画·金陵怀古》颇有名。所著《字说》《钟山目录》等，多已散佚。今存《王临川集》《临川集拾遗》《三经新义》中的《周官新义》残卷、《老子注》若干条。

旧书不厌百回读，熟读深思子自知。

——（宋）苏轼

【链接】

苏　轼

苏轼（1037—1101年），字子瞻，又字和仲，号东坡居士，世称"苏东坡"，眉州（今四川眉山，北宋时为眉山城）人。北宋著名文学家、书画家、诗人，豪放派词人代表。

苏轼与他的父亲苏洵、弟弟苏辙皆以文学名世，世称"三苏"，"三苏"也是"唐宋八大家"中的人物。

苏轼是继欧阳修之后主持北宋文坛的领袖人物，北宋文学家黄庭坚、秦观、晁补之和张耒都曾得到他的培养、奖掖和荐拔，故称"苏门四学士"。

作为杰出的词人，苏轼开辟了豪放词风，同杰出词人辛弃疾并称"苏辛"，《念奴娇·赤壁怀古》、《水调歌头·丙辰中秋》流传甚广。在诗歌上，苏轼与黄庭坚并称"苏黄"。苏轼的作品有《东坡七集》《东坡乐府》。苏轼在书法方面成就也极大，与黄庭坚、米芾、蔡襄并称"宋四家"。

退笔如山起足珍，读书万卷始通神。

——（宋）苏轼

【链接】

负薪读书

形容勤学的典故。语出《汉书·严朱吾丘主父徐严终王贾传》："买臣字翁子，吴人也。家贫，好读书，不置产业，常艾薪樵，卖以给食，担束薪，行且诵书。其妻亦负戴相随，数止买臣毋歌呕道中。买臣愈益疾歌，妻羞之，求去。买臣笑曰：'年五十当富贵，今已四十余矣。女苦日久，待我富贵报女功。'"此典一般以"负薪"或"负樵"的形式出现。有时，此典也用来形容仕途未遇时的贫居生活。

发奋识遍天下字，立志读尽人间书。

——（宋）苏轼

【链接】

带经而锄

形容生活贫苦却依然坚持学习的典故。语出《汉书·公孙弘、卜式、倪宽传》："（倪宽）受业孔安国，尝为弟子都养（为弟子们做饭），时行凭作（有时还要下地干活），带经而锄，休息辄诵读，其精如此。"此典常以"带经锄"的形式出现。

人如三日不读书，则尘俗生其间，照镜则面目可憎，对人则语言无味。

——（宋）黄庭坚

【链接】

黄庭坚

黄庭坚（1045—1105 年），字鲁直，号山谷道人，分宁（今属江西）人。北宋诗人、词人、书法家。

黄庭坚擅文章、诗词，尤工书法。黄庭坚是"苏门四学士"之一，诗风奇崛瘦硬，力摈轻俗之习，开一代风气，为江西诗派的开山鼻祖。词与秦观齐名，其词豪迈，较接近苏轼。有《山谷琴趣外篇》《豫章黄先生词》《豫章黄先生文集》传世。

开卷有益

勉励人读书的典故。典出宋代的《渑水燕谈录·文儒》："太宗日阅《御览》（指《太平御览》，该书原名《太平编类》，因宋太宗曾经通读而改名）三卷，因事有阙，暇日追补之。尝曰：'开卷有益，朕不以为劳也。'"陶渊明也有"开卷有得，便欣然忘食"（《与子俨等疏》）的句子，后人也有写成"展卷有益"的。

外物之味，久则可厌；读书之味，愈久愈深。

——（宋）程颐

【链接】

程　颐

程颐（1033—1107年），字正叔，北宋洛阳伊川（今属河南）人，世称伊川先生。北宋理学家、教育家。

程颢与程颐一起，创立了"天理"学说。程颢曾说过："吾学虽有所受，'天理'二字却是自家体贴出来。""理"因此成为二程哲学的核心，宋明理学也就从此得名。二程兄弟所谓的"理"，既是指自然的普遍法则，也是指人类社会的当然原则，它适用于自然、社会和一切具体事物。这就把儒家传统的"天人合一"思想，用"天人一理"的形式表达了出来。

程颢和程颐的思想，人们一般统称为二程之学，实际上两人的思想还是有一定的区别。程颢比程颐更注重个人内心的体验。有的学者认为，程颢的思想是后来陆九渊"心学"的源头，程颐的思想则是后来朱熹"理学"的源头。

程颐是著名的教育家，他认为教育以德育为重，强调自我修养，其途径为致知、格物、穷理。另外，主张读书要思考，"不深思则不能造其学"。或曰："学者亦有无思而得其乎？"其教育主张和思想对后世教育影响极大。

书到用时方恨少，事非经过不知难。

——（宋）陆游

【链接】

陆　游

陆游（1125—1210年），字务观，号放翁，越州山阴（今浙江绍兴）人。南宋著名诗人、词人。

陆游具有多方面的文学才能，尤以诗的成就为最，12岁即能诗文，有《剑南诗稿》《渭南文集》等数十个文集存世，自言"六十年间万首诗"，今尚存九千三百余首，是我国现有存诗最多的诗人。其中许多诗篇洋溢着强烈的爱国主义激情，在思想上、艺术上取得了卓越成就，生前即有"小李白"之称。陆游的词作数量不如诗篇巨大，存词一百三十余首，其名句"山重水复疑无路，柳暗花明又一村""小楼一夜听春雨，深巷明朝卖杏花"等一直被广为传诵。

饥读之以为肉，寒读之以当裘，孤寂读之以友朋，幽忧读之以当金石琴瑟。

——（宋）尤袤

【注解】

（1）裘：皮裘。

（2）幽忧：忧愁烦闷。

（3）金石琴瑟：古时的乐器。

【翻译】

饥饿的时候读书，把它当作肉，寒冷的时候读书，把它当作皮裘，寂寞孤单的时候读书，把它当作朋友，忧愁烦闷的时候读书，把它当作金石琴瑟。

【链接】

尤 袤

尤袤（1127—1202年），字延之，小字季长，号遂初居士，晚年号乐溪、木石老逸民。南宋诗人，与杨万里、范成大、陆游并称为"南宋四大诗人"。

尤袤从小受家学熏陶，5岁能为诗句，10岁有神童之称，15岁以辞赋闻名。尤袤一生的主要成就也在于他的诗歌创作和收藏了大量图书。

尤袤的诗平易自然，清新晓畅。《青山寺》可称为他现存诗歌中的代表作："峥嵘楼阁扞天开，门外湖山翠作堆，荡漾烟波迷泽国，空蒙云气认蓬莱。香销龙象辉金碧，雨过麒麟驳翠苔。二十九年三到此，一生知有几回来。"

尤袤一生嗜书，有"尤书橱"之称。他对图书"嗜好既笃，网罗斯备"，凡是他没有读过的书，只要他得知书名，就要想尽办法找来阅读，读后不仅有笔记，借来的还抄录收藏。杨万里曾经描述尤袤乐于抄书的情景："延之每退，则闭门谢客，日计手抄若干古书，其子弟亦抄书……"

尤袤曾把家藏书籍编成《遂初堂书目》一卷。这是中国最早的一部版本目录，对研究中国古籍具有相当的参考价值。《遂初堂书目》把图书分成44类，从这个书目中可看出，尤袤的藏书包括经、史、子、集、稗官小说，还有释典、道教、杂艺、谱录等内容。

读书之法无他，惟是笃志虚心，反复详玩，为有功耳。

——（宋）朱熹

【链接】

洛阳纸贵

形容著作风行一时，人人争相传抄的典故。典出《晋书·左思传》："及赋成，时人未之重……安定皇甫谧有高誉，思造（拜访）而示之。谧称善，为其赋序。张载为注《魏都》，刘逵注《吴》《蜀》而序之……司空张华见而叹曰：'班、张之流也，使读之者尽而余，久而更新。'于是豪贵之家竞相传写，洛阳为之纸贵。"《世说新语·文学》也有记载："庾仲初作《扬都赋》成，以呈庾亮，亮以亲族之怀，大为其名价，云可三《二京》，四《三都》（与《二京赋》鼎足而三，与《三都赋》并列而四）。于此人人竞写，都下纸为之贵。"

读书之法，在循序而渐进，熟读而精思。

——（宋）朱熹

【链接】

朱子读书法

朱子读书法是朱熹的弟子对朱熹读书法所作的集中概括，包括六条，即循序渐进、熟读精思、虚心涵泳、切己体察、着紧用力、居敬持志。

循序渐进，包括三层意思：一是读书应该按照一定次序，前后不要颠倒；二是"量力所至而谨守之"；三是不可囫囵吞枣，急于求成。

熟读精思就是读书既要熟读成诵，又要精于思考。

虚心涵泳中的"虚心"，是指读书时要反复咀嚼，细心玩味。

切己体察强调读书必须见之于自己的实际行动，要身体力行。

着紧用力包含两方面的意义：一是读书必须抓紧时间，发愤忘食；二是必须精神抖擞，勇猛奋发，反对松松垮垮。

居敬持志中的"居敬"，强调读书必须精神专注，注意力高度集中。所谓"持志"，就是要树立远大的志向，并以顽强的毅力长期坚守。

朱子读书法比较集中地反映了我国古代对于读书方法的研究成果，其中不乏合理的内容，值得我们借鉴。

举一而反三，闻一而知十，及学者用功之深，穷理之熟，然后能融会贯通，以至于此。

——（宋）朱熹

【链接】

焚膏继晷

形容夜以继日地勤奋读书。语出韩愈《昌黎集·进学解》："先生口不绝吟于六艺之文，手不停披于百家之编。记事者必提其要，纂言者必钩其玄（成语'提要钩玄'的出处）。贪多务得，细大不捐，焚膏油以继晷（点上灯来继续白天的学习），恒兀兀以穷年（长期这样坚持）。先生之业可谓勤矣。"

读书无疑者须教有疑，有疑者却要无疑，到这里方是长进。

——（宋）朱熹

【链接】

朱熹的著作

朱熹的著作有《周易本义》《启蒙》《著卦考误》《诗集传》《大学中庸章句》《四书或问》《论语集注》《孟子集注》《太极图说解》《通书解》《西铭解》《楚辞集注辨正》《韩文考异》《参同契考异》《中庸辑略》《孝经刊误》《小学书》《通鉴纲目》《宋名臣言行录》《家礼》《近思录》《河南程氏遗书》《伊洛渊源录》等。此外，还有《文集》100卷，《续集》11卷，《别集》10卷，闽人辑录的《朱子语类》（《朱子语类》是他与弟子们的问答录）140卷。其易学思想主要集中在《周易本义》《易学启蒙》《朱子语类》等书中。

　　读书有三到，谓心到，眼到，口到。心不在此，则眼看不仔细，心眼既不专一，却只漫诵浪读，决不能记，久也不能久也。三到之中，心到最急，心既到矣，眼口岂不到乎？

——（宋）朱熹《训学斋规》

【链接】

朱熹的学术思想

　　朱熹是理学的集大成者，中国封建时代儒家的主要代表人物之一。他的学术思想，在元、明、清三代，一直是封建统治阶级的官方哲学，标志着封建社会意识形态的更趋完备。元代恢复科举后，朱学被定为科场程式；在明、清两代被列为儒学正宗。在中国儒学史上，朱熹理学的作用和影响力仅次于孔子。朱熹的学术思想在世界文化史上，也有重要影响。其学术思想传到了朝鲜，再传入日本。

　　朱熹为官仅十余年，从事教学五十余年。他考场得意甚早，寿命又长，因此能一生专心儒学，致力于办书院、讲学，如其主江西南康军时，修复白鹿洞书院，且为之拟订《白鹿洞书院教条》。朱熹了解教育对思想普及的效力，故能成为程颢、程颐之后儒学的重要人物。在经学、史学、文学乃至自然科学的训诂考证、注释整理上都有较大成就。朱熹哲学发展了程颐等人的思想，集理学之大成，建立唯心论的唯理论体系。认为"理"、"气"不相离，但"理在先，气在后"，"理"是物质世界的基础和根源。

读而未晓则思，思而未晓则读。

——（宋）朱熹

【链接】

古代诗文集命名方式

古人为诗文集命名的方式主要有：（1）以作者姓名命名，如《孟浩然集》《李清照集》《陶渊明集》；（2）以官爵命名，如《王右丞集》（王维）、《杜工部集》（杜甫）；（3）以谥号命名，如《范文正公集》（范仲淹）、《欧阳文忠公集》（欧阳修）；（4）以书斋命名，如《七录斋集》（张溥）、《饮冰室合集》（梁启超）、《惜抱轩文集》（姚鼐）；（5）以作者字、号命名，如《李太白全集》《文山先生全集》（文天祥）、《王子安集》（王勃）、《苏东坡全集》（苏轼）、《稼轩长短句》（辛弃疾）、《徐霞客游记》（徐宏祖）；（6）以居官地或居住地命名，如《樊川文集》（杜牧）、《贾长沙集》（贾谊）、《长江集》（贾岛）、《梦溪笔谈》（沈括）；（7）以出生地命名，如《临川先生文集》（王安石）、《柳河东集》（柳宗元）；（8）以帝王年号命名，如《白氏长庆集》（白居易）、《嘉祐集》（苏洵）。

半亩方塘一鉴开，天光云影共徘徊。问渠那得清如许？为有源头活水来。

——（宋）朱熹《观书有感》其一

【注解】

（1）方塘：又称半亩塘，在福建尤溪城南郑义斋馆舍（后为南溪书院）内。朱熹的父亲与郑交好，故尝有《蝶恋花·醉宿郑氏别墅》词云："清晓方塘开一境。落絮如飞，肯向春风定。"

（2）鉴：镜子。古人以铜为镜，包以镜袱，用时打开。

（3）"天光"句：是说天的光和云的影子映在塘水之中，不停地变动，犹如人在徘徊。徘徊，移动。

（4）渠：它，这里指方塘之水。

（5）如许：如此，这样。

（6）为：因为。

（7）源头活水：比喻知识是不断更新和发展的，从而不断积累，只有在人生的学习中不断地学习、运用和探索，才能使自己保持先进和活力，就像水的源头一样。

【翻译】

半亩大的方形池塘像一面镜子一样被打开，清澈明净，天空的光彩和浮云的影子一起映入水塘，不停地闪耀晃动。要问为何那方塘的水会这样清澈，是因为有那永不枯竭的源头为它源源不断地输送活水啊。

【链接】

一字千金

形容诗文作品精心创作、极有价值的典故。事出《史记·吕不韦列传》："吕不韦使其客人人著所闻，集论以为八《览》、六《论》、十二《纪》，二十余万言。以为备天地万物古今之事，号曰《吕氏春秋》，布咸阳市门，悬千金其上，延诸侯游士宾客有能增损一字者千予千金。"此典的主要形式有"一字千金""千金字""金悬秦市""悬金"等。

灵魂欲化庄周蝶，只爱书香不爱花。

—— （清）童铨

【链接】

文不加点

形容写文章一气呵成，不加任何修改。语出张衡《文士传》（唐徐坚等编《初学记》引）："吴郡张纯少有令名，尝谒镇南将军朱据，据令赋一物然后坐，纯应声便坐，文不加点。"此典的主要形式有"文不加点""不加点""万言不加点""不加点窜"等。

风声、雨声、读书声，声声入耳；家事、国事、天下事，事事关心。

—— （明）顾宪成

【翻译】

此联为明东林党领袖顾宪成所撰。顾宪成在无锡创办东林书院，讲学之余，往往评议朝政。上联将读书声和风雨声融为一体，既有诗意，又有深意。下联有齐家治国平天下的雄心壮志。风对雨，家对国，耳对心，极

116

其工整，特别是连用叠字，如闻琅琅书声。

【链接】

顾宪成

顾宪成（1550—1612年），字叔时，号泾阳，无锡泾里（今属江苏）人。明代思想家，因创办东林书院而被人尊称"东林先生"，也是东林党的创始人之一。天启初年，赠太常卿。后来东林党争爆发，被魏忠贤阉党削官。崇祯初年获得平反，赠吏部右侍郎，谥号端文。

顾宪成小时候家境十分清贫，他的父亲顾学开了爿豆腐作坊，但因家庭人口多，常常入不敷出，要向人借贷，他家住的房子很破旧，不蔽风雨。但是，艰苦的生活环境反而激发了顾宪成奋发读书的决心与进取向上的志向。他在自己所居陋室的墙壁上题了两句话："读得孔书才是乐，纵居颜巷不为贫。"颜回是孔子的学生，家里十分贫穷，但他不以为苦，师从孔子，刻苦好学，以学为乐。顾宪成以颜回自喻，表达了自己的苦乐观和贫富观，希望做一个知识的富翁。顾宪成在读书中，非常仰慕前贤先哲的为人，一心想仿照那些德高望重的人的思想去行事。他自撰一副对联，即"风声、雨声、读书声，声声入耳，家事、国事、天下事，事事关心"，表达了他读书期间对社会的关注。

但患不读书，不患读书无所用。

——（明）朱舜水

【链接】

梦笔生花

比喻文思大进，文笔优美俊逸。典出五代王仁裕的《开元天宝遗事·梦笔头生花》："李太白少时，梦所用之笔头上生花，后天才赡逸，名闻天下。"因此，后人多以"梦花""梦生花""彩笔生花""笔花入梦""花从笔生"等比喻文思大进。

睹一事于句中，反三隅于字外。

——（唐）刘知几

【链接】

断章取义

常指随意摘取诗文中的一部分为己用而不管作者的原意如何。典出《左传·襄公·二十八年》："赋《诗》断章，余取所求焉。"春秋时各诸侯国进行外交活动时，使节们往往以赋诗为表达己方意愿的手段。然赋诗者与听诗者可以对诗的文句有自己的理解，而不必管诗的本义。此典的形式常有"断章取义""断章取谊（古谊同义）""断章载句"。现今还用，不过已转为贬义。

读书切戒在慌忙，涵泳工夫兴味长；示晓不妨权放过，切身需要急思量。

——（宋）陆九渊

【链接】

陆九渊

陆九渊（1139—1193年），字子静，抚州金溪（今属江西）人。因讲学于象山书院（位于江西省贵溪市），世称"象山先生"，学术界常称其为"陆象山"。南宋哲学家，陆王心学的代表人物。

陆九渊的思想接近程颢，偏重心性的修养，他认为朱熹的"格物致知"方法过于"支离破碎"。陆九渊是"心学"的创始人，其主张"吾心即是宇宙"，"明心见性"，"心即是理"，重视持敬的内省工夫，即是所谓的"尊德性"。朱熹言"理"，侧重于探讨宇宙自然的"所以然"，陆九渊言"理"，则更偏重人生伦理，明代王阳明赞赏陆九渊的学说，使得陆九渊的"心学"得以发扬，因此学界称之为"陆王"学派，实际上王阳明是心学的集大成者。陆九渊一生不注重著书立说，其语录和少量诗文由其子陆持之于开禧元年（公元1205年）汇编成《象山先生集》，共计36卷，并由其学生于嘉定五年（公元1212年）刊行。1980年1月中华书局整理为《陆九渊集》出版发行。

读万卷书，行万里路。

—— （宋）刘彝《画旨》

【链接】

刘　彝

刘彝（1017—1086年），字执中，福州（今属福建）人。北宋著名水利专家。著有《七经中义》170卷，《明善集》《居阳集》各30卷。

三十乘书

形容藏书丰富或学识渊博的典故。语出《晋书·张华传》："（张华）雅爱书籍，身死之日，家无余财，惟有文史溢于机箧。尝徙居，载书三十乘。秘书监挚虞撰定官书，皆资华之本以取正焉。"受此典影响，后人论书之丰富，也每以"三十"为数，不一定必是"乘"或"车"。如果形容书少，则用"无乘书"。

立志宜思真品格，读书须尽苦功夫。

——（清）阮元

【链接】

寻章摘句

形容读书只顾及文中的片言只语而不深究其精神实质。语出《三国志·吴书·吴主传》裴松之注引《吴书》："（赵咨）使魏，魏文帝善之，嘲咨曰：'吴王颇知学乎？'咨曰：'吴王浮江万艘，带甲百万，任贤使能，志存经略，虽有余闲，博览书传历史，藉采奇异，不效诸生寻章摘句而已。'"

学者观书，每见每知新意则学进矣。

——（宋）张载

【链接】

牛角挂书

形容勤奋读书的典故。《新唐书·李密传》："（李密）闻包恺在缑山，往从之。以蒲鞯乘牛，挂《汉书》

一帙角上，行且读。越国公杨素适见于道，按辔蹑其后，曰：'何书生勤如此？'密识素，下拜。问所读，曰：'《项羽传》。'因与语，奇之。归谓子玄感曰：'吾观密识度，非若等辈。'玄感遂倾心结纳。"后人遂以"书横牛角""角挂经""茧栗挂汉书""束书牛角""书挂（牛）角""牛角之悬"来形容勤奋读书，或以"挂犊之才""牛角书生"来指勤奋学习而才思卓捷的书生。

非读书，不明理。

——（清）李光庭

【链接】

枕中秘宝

形容不愿示人的珍贵图书。典出《汉书·楚元王传》所附"刘向"条："上（汉宣帝）复兴神仙方术之事，而淮南有枕中《鸿宝》《苑秘书》，书言神仙使鬼物为金之术，及邹衍重道延命方，世人莫见。"后人于是以"鸿宝""秘宝""秘枕书""枕函书""秘之枕中""枕中之秘""枕中秘书"等来指道术书或珍贵而不愿示人的图书。

好读书不好读书，好读书不好读书。

—— （明）徐渭

【翻译】

这是明朝徐渭所题的一副对联。

上联说的是人在年少时，精力充沛，头脑灵活，记忆力好，是读书的大好时光，可是却往往不喜欢读书。等到老了，发现读书的好处，开始喜欢读书，可是却体力、脑力不济，不再适合读书了。所以，人要在年少、精力充沛、头脑灵活、记忆力好的时候抓紧时间读书，不要等到老了想读书时，困难重重而悔叹。

【链接】

徐 渭

徐渭（1521—1593年），字文长，号青藤、天池，山阴人。明朝文学家、书画家。

徐渭在诗文、书法、戏曲、绘画上均有独特造诣，在水墨大写意花卉方面创造性的贡献尤为突出。他反对绘画上因袭前人的"鸟学人言"的做法，主张"新为上，手次之，目口末矣"。他的画具有走笔如飞、泼墨淋漓而直指胸臆的特色，引起后世许多大家心悦诚服的赞叹。《杂花图卷》是他传世的佳作，体现了他用笔峭拔、劲挺多变与用墨洒脱自如的艺术风格。

欲知天下事，须读古人书。

——（明）冯梦龙

【链接】

冯梦龙

冯梦龙（1574—1646年），字犹龙，又字公鱼、子犹、耳犹，号龙子犹、墨憨斋主人、吴下词奴、姑苏词奴、前周柱史、顾曲散人、绿天馆主人等，南直隶苏州府长洲县（今属江苏）人。明代文学家、戏曲家，同其兄画家冯梦桂、其弟诗人冯梦熊并称"吴下三冯"。他的作品比较强调感情和行为，最有名的作品为《喻世明言》（旧称《古今小说》）、《警世通言》《醒世恒言》，合称"三言"，"三言"与凌濛初的《初刻拍案惊奇》《二刻拍案惊奇》合称"三言二拍"，是中国白话短篇小说的经典代表。

书卷多情似故人，晨昏忧乐每相亲。

——（明）于谦《观书》

【链接】

于　谦

于谦（1398—1457年），字廷益，浙江钱塘人。明朝著名政治家、军事家。

于谦少年即立大志。7岁时，有一个和尚惊于其相貌，说："所见人无若此儿者，异日救时宰相也。"12岁时于谦即写下明志诗《石灰吟》。

于谦是进士出身，因参与平定汉王朱高煦谋反有功，被明宣宗器用，担任山西、河南巡抚。明英宗时期，因得罪太监王振而下狱，后释放，起用为兵部侍郎。1449年，瓦剌大军席卷南下，明英宗偏听全无军事常识的太监，结果土木堡一战，明朝50万大军全军覆没，明英宗做了阶下囚。消息传到京城，有人主张南逃，有人主张投降。危急关头，于谦挺身而出，痛斥种种逃跑主义、投降主义，调集各路兵马保卫京城。敌方以明英宗为人质，逼迫明廷投降，否则就杀掉英宗。有人又主张献城投降，以保英宗之命。于谦却义正词严地质问：到底国家民族重要，还是英宗的个人生命重要？他坚决拒绝敌军最后通牒。于谦带领22万大军，坚守京城，一次又一次打退敌人的进攻。瓦剌主帅见死伤惨重却无功，又顾虑中原毕竟国大力大，一不小心就被于谦反攻过来，后果堪忧，就在退军之时将明英宗送回明廷。

明英宗回朝登位，不思于谦抗敌之功，却找个借口把于谦下狱，随即斩首。据说于谦被杀时，阴霾四合，天下冤之。人们对明廷这种恩将仇报的做法非常愤慨，用不同的方式来纪念于谦。皇太后开始并不知道于谦的死，听说以后，叹息不已，哀悼多日，英宗也开始后悔。

于谦死后，继任的兵部尚书陈汝言攀附石亨，贪污纳贿，使于谦整顿国防之前功俱废，英宗则忧形于色。后来西北有警，恭顺侯吴瑾对英宗说："使于谦在，当不令寇至此。"英宗听罢，默默无语。一直到明英宗死后，明献宗登位，才为于谦平反昭雪。

于谦颇有文采，著有《于忠肃集》《节庵诗文稿》。

不尽读天下书，不能相天下之士。

——（明）汤显祖

【链接】

汤显祖

汤显祖（1550—1616年），字义仍，号若士，又号清远道人，临川（今属江西）人。明朝最杰出的戏剧家。

汤显祖的主要成就在戏剧上，在戏曲史上，汤显祖和关汉卿、王实甫齐名，在中国乃至世界文学史上都有着重要的地位，被誉为"东方的莎士比亚"。汤显祖所作《牡丹亭》《紫钗记》《邯郸记》《南柯记》合称"临川四梦"，其中《牡丹亭》影响最大，与《西厢记》《窦娥冤》《长生殿》（另一说是《西厢记》《牡丹亭》《长生殿》和《桃花扇》）并称中国四大古典戏剧。

读书务在循序渐进；一书已熟，方读一书，勿得卤莽躐等，虽多无益。

——（明）胡居仁《丽泽堂学约》

【链接】

三坟五典

指称中国古代文化典籍的典故。语出《左传·昭公十二年》："左史倚相（左史，官职名，倚相，人名）趋过（快步走过），王曰'是良史也，子善视之（好好对待他）。是能读《三坟》《五典》《八索》《九丘》'。"后人便以"三坟五典""典坟""坟典""坟籍""丘坟"等词来泛指古代文化典籍。

或作或辍，一暴十寒，则虽读书百年，吾未见其可也。

——（明）吴梦祥

【链接】

学富五车

形容书多或学识丰富的典故。语出《庄子·杂篇·天下第三十三》："惠施多方（方术），其书五车，其道舛驳（他的学说多差错而杂乱），其言也不中（正当）。"后人便以"五车""五车书""书五车""五车竹简""惠施车"等来表示书多；用"学五车""学富五车"等来表示读书多或学问大。

养心莫善寡欲，至乐无如读书。

——（明）郑成功

【链接】

郑成功

郑成功（1624—1662年），本名森，幼名福松，字明俨，号大木，福建省南安市石井镇人。明清之际民族英雄，著名军事家、政治家。

郑成功的父亲郑芝龙是海盗出身，后为明朝将领，母亲是日本人，叫作田川氏。1644年，满清入关，1645年消灭了明朝遗臣拥立的福王朱由崧在南京建立的弘光政权，于是有明室血统的明唐王朱聿键在福州称帝，年号为隆武。隆武帝封郑芝龙为建安伯，后加封平国公。郑芝龙带着当时21岁的郑森去拜见皇帝，皇帝问起该如何救国，郑森用南宋岳飞的话说："文臣不爱钱，武臣不惜死，天下太平矣。"隆武帝赐姓为明朝的国姓朱，改名成功，并封忠孝伯，这就是其俗称"国姓爷"之由来。

清兵入闽，其父郑芝龙降清，郑成功哭谏不听，起兵抗清。1661年，康熙皇帝初即位，郑氏降将黄梧向康熙提出针对郑成功的新策略，包括长达20年的迁界令，自山东至广东沿海廿里，断绝郑成功的经济支援；毁沿海船只，寸板不许下水；杀成功之父郑芝龙于宁古塔流徙处（一说斩于北京柴市口，即今府学胡同西口，元代刑场）；挖郑氏祖坟；移驻投诚官兵，分垦荒地。

清政府的新策略使郑成功和他的军队断绝了经济来源，面临严重的财政危机，不得不放弃以近岸离岛为基地、骚扰东南沿海的军事策略，转而进攻被荷兰人占领的台湾，作为新的基地。

1661年，郑成功亲率将士2.5万、战船数百艘，从金门料罗湾出发，经澎湖，出其不意地在鹿耳门及禾寮港登陆。先以优势兵力夺取荷军防守薄弱的赤嵌城（今属中国台湾），又对防御坚固的首府台湾城（今属中国台湾）长期围困。经过9个月的鏖战，于1662年打败荷兰人，迫使殖民总督揆一在投降书上签字，乘船撤离了台湾岛。

此次战役，结束了荷兰侵略者在台湾38年的殖民统治，也使郑成功成为中国人民心目中的民族英雄。

读书贵神解，无事守章句。

——（清）徐洪钧

【链接】

束之高阁

比喻将收卷充置不用的典故。典出《世说新语·豪爽第十三》刘孝标注引《汉晋春秋》："是时刘乂、殷浩诸人盛名冠世，（庾）翼未之贵也，常曰：'此辈宜束之高阁，俟（等到）天下清定，然后议其所任耳。'"此典本不指书，但后来人们往往以此典来表示把书扔在一边不再读或不再用。其形式有"束高阁""束阁""束置高阁"。

读书破万卷，胸中无适主，便如暴富儿，颇为用钱苦。

——（清）郑燮

【链接】

郑 燮

郑燮（1693—1765年），字克柔，号板桥、板桥道人，江苏兴化大垛人，祖籍苏州。清朝官员、学者、书法家、画家，其著作有《板桥诗钞》《板桥词钞》《板桥家书》《板桥题画》《板桥先生印册》等。

郑燮自幼随父亲读书，爱读史书和诗文词集，博学强记，所读的书都能背诵。郑燮于1732年到南京乡试，中举人。1736年赴北京礼部试，中进士。1742年出任山东范县令。1746年调任潍县县令。

郑燮爱民如子，任潍县县令时，正逢荒年，不顾他人阻挠，开仓贷粮，令老百姓写借条，救活一万多人。他还大兴土木，修建水池，招收饥民工作就食。当年入秋又歉收，郑燮把老百姓的借条，一把火烧掉。潍县老百姓感戴他的恩德，为他建立生祠。郑燮对于民事处理公正，为官12年，没有一件冤案。

郑燮一生历经坎坷，饱尝酸甜苦辣，看透了世态炎凉，他敢于把这一切都融入他的作品中。他擅画兰竹石，自称"四时不谢之兰，百节长青之竹，万古不败之石，千秋不变之人"。解读郑燮不同时期所画的兰竹图上的题画诗，可以透过有限画幅的形象联想到其人生经历，联想到清代社会的种种腐败现象。郑燮任山东潍县知县时，曾作一幅画——《潍县署中画竹呈年伯包大中丞括》，画中题诗云："衙斋卧听萧萧竹，疑是民间疾苦声，些小吾曹州县吏，一枝一叶总关情。"此画中的竹子不再是自然竹子的"再现"，诗题也不再是无感而发的诗题。透过画和诗，人们联想到了郑板桥的人品，他身为知县，从衙斋萧萧的竹声，联想到百姓困苦疾声，说明他心中装着百姓，情感系在百姓身上。

郑燮后来因老病罢官客居扬州，身无长物，只有寥寥几卷图书，便以卖画为生。

郑燮是"扬州八怪"之一，其诗、书、画被世人称为"三绝"。其诗如陶渊明、陆游，画竹似苏轼。郑燮以篆、隶、草、行、楷等各种书体的字形，并以兰草画法入书，形成有行无列、疏密错落的书法风格，创造了"六分半书"的书体，后人亦称之为"板桥体"。

读书以过目成诵为能，最是不济事。

——（清）郑燮

【链接】

《竹石》诗

郑燮家境贫穷，但他落拓不羁，每每"放言高谈，臧否人物，无所忌讳，坐得狂名"。43岁那年，他高中进士后，曾任山东范县、潍县知县，在他为官期间，做了不少益民利众的好事，深得人民爱戴，但他在荒年为百姓请求赈济，却得罪了知府和地方豪绅。他刚正不阿，心系民众，加之性格清高，耻于折腰，便藐视权贵，解绶挂印，毅然辞官而归，回扬州卖画为生，正如他的流芳百世的名句"当官不为民做主，不如回家种红薯"。郑燮晚年的一首《竹石》诗就是他这种傲岸和刚直人格的写照。全诗如下：

咬定青山不放松，立根原在破岩中。

千磨万击还坚劲，任尔东西南北风。

翻译：

青竹抱住青山一直都不放松，原来是把根深深地扎入岩石的缝隙之中。

经历狂风千万次的吹打折磨依旧坚硬如铁，任凭你东西南北的狂风。

这是一首是在竹石图上的题画诗，郑燮咏的是竹石，但已不是对自然界竹石的一般描写，而是蕴涵了作者深刻的思想感情。郑燮以物喻人，实写竹子，赞颂的却是人。诗人屹立的青山，以坚硬的岩石为背景和基础，说竹子"咬定青山""立根破岩""千磨万击"。"坚劲"则正是这个历经风吹雨打的竹子和竹子所象征的人的真实写照。因此，可以说，本诗通过歌咏竹石，塑造了一个百折不挠、顶天立地的强者的光辉形象。全诗清新流畅，感情真挚，语言虽然通俗，但意义深刻而意味深长。

案上不可多书，心中不可少书。

——（清）金缨《格言联璧》

【链接】

《格言联璧》

《格言联璧》，又名《格言合璧》，是一部格言书，由清代学者金缨所作。

《格言联璧》将流传于世的格言分为学问、存养、持躬、摄生、敦品、处事、接物、齐家、从政、惠吉、悖凶等11类，按儒家《大学》《中庸》之道，以"诚意""正心""格物""致知""修身""齐家""治国"

"平天下"等主要内容为框架，收集有关这些内容的至理格言。这些格言警世醒心，教诲、启迪人们求真、向善、趋美，是古人心灵美的结晶。

读书好处心先觉，立雪深时道已传。

——（清）袁枚

【链接】

读书种子

比喻世世代代的读书人像种子一样播撒开去，衍生不息。语出周密《齐东野语·书种文种》："裴度常训其子云：'凡吾辈但可令文种无绝，然期间有成功能致身万乘之相，则天也。'山谷（黄庭坚，号山谷道人）云：'四民皆坐世业，士大夫子弟能知忠信孝友，斯可矣。然不可令读书种子断绝。有才气者出，便当名世矣。似祖（效法）裴语，特（只不过）易文种为书种耳。'"此典的其他形式有"书种""读书种"。

盖世人读书，第一要有志，第二要有识，第三要有恒。有志则断不甘为下流；有识则知学问无尽，不敢以一得自足，如河伯之观海，如井蛙之窥天；有恒才断无不成之事。此三者缺一不可。

——（清）曾国藩《曾国藩文集》

【翻译】

世上的人读书，第一要有志气，第二要有胆识，第三要有恒心。有志气的人一定不甘心处于社会下层；有胆识的人则知道学无止境，不会因为有一点儿收获而满足；有恒心那么就一定没有做不成的事情了。上面这段话是曾国藩在道光二十二年写给几位弟弟的信中的一段话，非常耐人寻味。曾国藩所谓"有志"不是指做官发财，而是"不甘为下流"，是说人的品性要高尚；"有识"是指"知学问无穷，不敢以一得自足"，是读书之根本；"有恒"指持之以恒，从不间断，这样自然会成才。

【链接】

曾国藩

曾国藩（1811—1872年），初名子城，字伯函，号涤生，谥文正，湖南长沙府湘乡（今属湖南）人。清朝末年著名军事家、理学家、政治家、书法家、文学家，

"中兴名臣"之一，晚清散文"湘乡派"创立人。

曾国藩出生于一个偏僻山村的地主家庭，兄弟五人，曾国藩排行老大，另有一姐三妹。

曾国藩6岁入私塾读书，8岁随父学五经，14岁应童子试，22岁考取秀才，28岁中进士。初授翰林院检讨，1846年充文渊阁直学士，次年升内阁学士兼礼部侍郎衔。曾国藩少年得志，官运亨通，10年之中连升10级，官至二品。

曾国藩受儒家思想影响很深，从不放弃自己的品德修养，至其年衰，政治思想成熟，也不放弃对自己的行为进行反省和自责。他的一生是"修身、齐家、治国、平天下"的真实写照。

1852年，太平天国起义席卷半个中国，清政府从全国各地调集大量八旗、绿营官兵来对付太平军，却不堪一击，清朝统治岌岌可危。1853年，曾国藩在家乡湖南建立了一支地方团练，称为湘军，湘军成为中国南方地区与太平天国军事力量作战的主力之一。曾国藩被封为一等勇毅侯，成为清代以文人而封武侯的第一人，后历任两江总督、直隶总督，官居一品。

1864年，曾国藩派其弟曾国荃攻下天京（今属江苏），成为镇压太平天国的功臣，清政府称他是"中兴第一名臣"。

曾国藩在攻克天京后，功高震主，清政府对其极不放心。咸丰帝曾在湘军克复武汉时叹道："去了半个洪秀全，来了一个曾国藩。"曾国藩具有丰富的政治经验，深谙历代掌故，在击败太平天国后，他自裁湘军，又把家书刊行问世，借以表明自己忠心为清廷效命，以塞弄臣之口。《曾国藩家书》从此风靡于世，历久不衰。后经多家取舍整理，形成多种版本。

《曾国藩家书》记录了曾国藩30年的翰苑和从武生涯，书信近1 500封。所涉内容极为广泛，小到人际琐事和家庭生计的指际，大到进德修业、经邦纬国之道的阐述，是曾国藩一生的主要活动和其治政、治家、治学之道的生动反映。